U1013065

建党百年献礼——西南大学经济管理学院“双一流”建设学术专著

教育部人文社科一般项目“全球价值链分工背景下生产服务业生产率变动对贸易利益的影响”(16YJC790124)、
西南大学经济管理学院“百年梦·学科建设”专著出版项目

贸易便利化对重庆市
出口贸易发展的影响研究

姚爱萍 著

西南师範大學出版社
国家一级出版社 全国百佳图书出版单位

图书在版编目(CIP)数据

贸易便利化对重庆市出口贸易发展的影响研究 / 姚爱萍著. — 重庆：西南师范大学出版社, 2021.6

ISBN 978-7-5697-0952-0

Ⅰ. ①贸… Ⅱ. ①姚… Ⅲ. ①出口贸易－贸易发展－研究－重庆 Ⅳ. ①F752.871.9

中国版本图书馆CIP数据核字(2021)第101764号

贸易便利化对重庆市出口贸易发展的影响研究

MAOYI BIANLIHUA DUI CHONGQING SHI CHUKOU MAOYI FAZHAN DE YINGXIANG YANJIU

姚爱萍 著

责任编辑：钟小族
责任校对：张燕妮
装帧设计：观止堂_未 氓
出版发行：西南师范大学出版社
重庆·北碚 邮编：400715
印 刷：重庆新生代彩印技术有限公司
幅面尺寸：185mm×260mm
印 张：6.25
字 数：128千字
版 次：2021年6月第1版
印 次：2021年6月第1次
书 号：ISBN 978-7-5697-0952-0
定 价：29.00元

贸易便利化对重庆市出口贸易发展的影响研究

编　委　会

主　任

祝志勇

副主任

高远东　王定祥

工作秘书

刘建新

成　员

刘自敏　王图展　毕　茜　刘新智

张应良　李海明　罗超平

前言

随着经济全球化的不断发展，国际贸易受关税壁垒约束逐渐减少。据世界银行统计数据显示，世界简单平均关税税率已由2000年的10.76%下降到2017年的5.17%。然而，交通及通信基础设施落后、报关手续复杂、港口通关效率低下、法律法规完善度和透明度低等非关税壁垒仍然存在，并且极大地降低了贸易便利化程度，严重地影响了国际贸易。我国在2015年9月接受了世界贸易组织的《贸易便利化协定》。该协定规定了各成员国的港口基础设施和管理方式以及港口当局之间的协同，并且于2017年2月2日正式生效。这在很大程度上便利成员国的国际贸易，降低跨国交易成本，推动世界贸易增长，继而拉动全球经济发展。我国也坚持发展高水平开放型经济，多次在党和政府的重要会议或报告中提出全面提高对外开放水平、推进贸易和投资自由化、便利化。

重庆市依托优越的地理区位优势和多重战略性地位，致力于建设内陆改革开放新高地，以期更好地在西部地区带头开放、带动开放。直辖20余年以来，重庆市紧抓发展机遇，对外贸易取得了充分的跨越式发展，但与此同时也仍然存在着发展不稳定不平衡等问题。要推动对外贸易持续高质量发展，就应找出各种制约性因素，并有针对性地制定贸易条件和营商环境改善措施，发挥贸易便利化在深化区域合作、促进贸易发展中的作用。

本书核心内容是分析重庆市贸易便利化现状，实证研究贸易便利化对重庆市出口贸易的影响，探讨其发展潜力，提出提升重庆市贸易便利化水平及促进出口贸易发展的相关政策建议。主要内容包括：贸易便利化和贸易潜力的概念界定和理论基础；重庆市出口贸易现状及面临的主要问题；基于基础设施、海关环境、信息技术、制度环境的重庆市贸易便利化发展分析；贸易便利化水平对重庆市出口贸易影响的实证分析；基于贸易便利化水平的重庆市出口贸易潜力分析；国内外贸易便利化建设及其经验借鉴；促进贸易便利化及进出口贸易发展的政策建议。

本书的出版获得教育部人文社科一般项目（16YJC790124）、中国（重庆）自由贸易试验区（北碚区）委托项目（ZK1908113）和西南大学经济管理学院“百年梦·学科建设”专著出版的资助，特此感谢。

目录

1　绪论

1.1　研究背景与意义

1.1.1 研究背景

对外贸易一直都被认为是经济发展的发动机。当前国际国内经济环境正发生深刻变化，机遇和挑战并存，要实现经济稳增长、决胜全面建成小康社会和成功跨越中等收入陷阱等宏伟目标，需要进一步扩大对外开放，不断完善开放型经济体系，充分发挥对外开放的强大动力。据海关统计，2019年重庆对外贸易进出口总值为5792.8亿元人民币，比2018年增长11%，其中，出口3712.9亿元，增长9.4%；进口2079.9亿元，增长13.8%。进出口总值在中西部18省市中排第2位，在全国排第11位，进出口总值增速高出同期我国整体增速7.6个百分点。但目前重庆市的开放型经济发展整体上仍处于偏低阶段，存在规模和竞争力相对不足、内外联动性明显落后于东中部地区等问题。如今推动形成以国内大循环为主体、国内国际双循环相互促进的新发展格局给开放型经济发展提出了新要求，重庆市要摆脱对传统开放经验的路径依赖，进入高水平开放型经济发展轨道，提高贸易便利化水平、促进对外贸易长足发展十分必要。

重庆市发展对外贸易具有地理区位优势。交通区位条件是反映区域社会经济发展状态与潜力的重要指标，重庆市位于四川盆地东部，长江及其上游最大支流嘉陵江的交汇处，铁、水、陆、空等多种运输方式汇集，是横贯东西、联通南北的贸易运输及转运枢纽。向西北，通过"渝新欧"国际铁路联运大通道，为打造丝绸之路经济带提供了有效平台，丰富了沿线国家及地区合作的内涵；向东通过长江黄金水道贯通长江经济带；向南通过渝昆泛亚铁路大通道和滇缅公路直达中印孟缅经济走廊，加强东盟以及东南亚的经贸合作，连接

21世纪海上丝绸之路。依托交通基础设施的不断完善，重庆市近年来对外开放度不断提高，对外贸易额持续增加。

重庆市的多重战略性地位有利于打造其成为国际物流枢纽和内陆开放高地。作为中西部地区唯一的直辖市，重庆市是西部大开发的重要战略支点，是长江经济带和丝绸之路经济带的联结点，是成渝地区双城经济圈的核心部分。2017年4月1日正式成立的重庆自贸区，更使得重庆市在国家区域发展和内陆对外开放格局中发挥了独特而重要的作用，为全市改革开放和西部地区的协同发展注入了强劲动力。重庆市积极主动服务国家战略，在优化口岸营商环境、提升跨境贸易便利化水平上持续用力，对标国际国内先进水平，多部门多平台联合制定并出台了各项措施，着力解决跨境贸易的痛难点问题。把重庆建设成为内陆开放高地，既是我国深化改革、构建全新对外开放格局的重要举措，也是重庆践行国家战略，参与世界范围内的竞争与分工，与其他国家开展经济社会全方位多层次交流的必然要求。

贸易便利化问题越来越受到国际关注。随着经济全球化和区域经济化进程的不断发展，跨国贸易受传统贸易壁垒约束逐渐减少。世界银行的统计数据显示，世界关税的简单平均水平已由2000年的10.76%下降到2017年的5.17%。然而报关手续复杂、港口通关效率低下、交通及通信基础设施落后、法律法规完善度和透明度低等非关税壁垒仍然存在，并且极大地降低了贸易便利化程度，严重地影响了国际贸易。很多国际组织都致力于简化和协调各国的跨境贸易程序，并为此做了很多的研究、评估工作。尤其是世界贸易组织很早就关注到贸易便利化议题，该议题于1996年被首次列入WTO工作日程，在2013年12月的WTO第九次部长级会议上首次完成了《贸易便利化协定》(以下简称《协定》)，2015年9月，中国国务院接受《协定》，2017年2月2日《协定》正式经过三分之二成员的批准，宣告即刻产生效力。该《协定》规定了各成员国的港口基础设施和管理方式以及港口当局之间的协同，若能被各成员国普遍接受并坚决有效地执行，将很大程度上便利各国的国际贸易，降低跨国交易成本，推动世界贸易增长，拉动全球经济发展。世界银行、经济合作与发展组织、世界经济论坛以及联合国亚太经社委员会等国际组织也发布了与贸易便利化有关的指标或指数，以此对各国的贸易便利化水平进行国际比较，进而识别出仍需改进和加强的领域。

我国坚持推进投资贸易便利化，发展高水平开放型经济。党的十八届三中全会上，党中央做出了下一个十年关于全面对外开放的重大决定，制定更加积极主动的开放战略，全面提高开放型经济发展水平。此次“对外开放升级版”是由一系列高质量、高水平的双边或区域贸易投资自由化、便利化的协议构成。党的十九大报告指出，要推动形成全面开放新格局，拓展对外贸易，培育贸易新业态新模式，推进贸易强国建设，实行高水平的贸易和投资自由化便利化政策，全面实行准入前国民待遇加负面清单管理制度，大幅度放宽市场准入。“十四五”规划建议建设更高水平开放型经济新体制，全面提高对外开放水平，推动贸易和投资自由化便利化，增强对外贸易综合竞争力。党和政府多次在重要会议或报告中提及贸易便利化和开放型经济，可见在此现实背景下，提升重庆的贸易便利化水平，打造开放型经济具有长远的意义。

1.1.2 研究意义

如今，国内外经济环境复杂多变。国际上，贸易保护主义抬头，逆全球化思潮兴起、新冠肺炎疫情常态化，全球价值链遭受冲击；国内，人口老龄化，劳动力优势逐渐丧失、传统产能过剩等经济痛点，给重庆市继续深化对外开放和融入世界经济带来了巨大的挑战。目前关于贸易便利化的理论观点基本表明，提升贸易便利化水平能降低企业交易成本，增强国际竞争力，增加出口贸易流量及出口多样性，营造宽松的贸易环境吸引外资，促进GDP增长和经济发展，等等。由此，本书通过梳理重庆市出口贸易发展现状、评估贸易便利化水平、测算贸易便利化对出口贸易的影响以及重庆市对主要贸易伙伴国的出口贸易潜力，从贸易便利化视角研究如何推动重庆市的出口贸易，具有重要的理论意义和现实意义，具体表述如下：

（1）理论意义

其一，基于国内外的经济、政治现状，对现有的文献和研究成果进行梳理，综合经济学、国际关系学的跨学科视角，将对外贸易、地缘政治等方面的最新研究成果综合运用，对贸易便利化下重庆市出口贸易进行深入分析。

其二，根据贸易便利化最新的研究趋势，构建了贸易便利化指标测评体系框架，测算了重庆市及32个贸易伙伴国的贸易便利化水平，对其进行重新识别；根据贸易发展的影响因素，引入扩展的引力模型，研究贸易便利化水平对出口贸易的影响，并运用相关方法对贸易潜力进一步估算，这些建立了贸易便利化视角和对出口贸易影响实证分析的研究基础。

其三，纳入国内外宏观经济最新热点背景，提出促进重庆市贸易便利化和出口贸易发展的对策和建议。本书结合“一带一路”倡议、重庆市自由贸易区建设等背景，为重庆市贸易便利化水平的提升、对外贸易往来和经济合作的促进提供了政策建议。

（2）现实意义

其一，契合了国家重大方针政策，有利于更好地对接国家发展战略。我国区域不平衡问题突出，如何实现西部地区的快速发展恰恰是解决这一问题的关键。重庆根据国家西部大开发的具体要求和国家相关文件精神，努力推动建设内陆开放体系。不仅如此，在我国实施“一带一路”倡议背景下，重庆在海上丝绸之路和长江经济带两个重要的国家规划中都起着重要的战略作用。新形势下，本研究在一定程度上可以对重庆市提升贸易便利化水平和优化开放型经济政策发挥一些指导作用，进而带动西部地区的贸易便利化建设、提升开放力度，实现经济的“高速度增长转向高质量发展”，使得重庆市和西部地区更好地对接国家发展战略。

其二，梳理了重庆市的出口贸易和贸易便利化现状，有利于找到当前存在的问题和不足，为优化贸易政策提供现实基础。中国幅员辽阔，不同区域的发展水平参差不齐，资源条件情况各异，在对外贸易的不同阶段也有自身的优势和劣势，从整体上制定的大致方向和大概对策不能很好地为重庆的对外贸易发展服务。要设计出适应当下重庆市扩大开放的政策，首先必须具体分析其特点，挖掘贸易变动成因和关键影响因素。本书通过统计数据，总结了重庆市近年的出口贸易整体上和结构上的演变趋势，以及在交通基础设施、电子商务、海关环境、金融科技和政府透明度方面的成绩和不足，尝试解释重庆市出口产品在国际市场上竞争力变化的深层次原因，从而根据研究成果为贸易政策的优化和制定提供决策思路和依据。

其三，提出了有针对性的政策建议，有利于促进重庆的对外贸易发展。贸易便利化的根本就是减少不利于国际贸易畅通发展因素的影响，进而提高国家经济贸易合作的发展进程。本书对收集整理的基础数据进行统计分析，发现了目前贸易中面临的问题和阻碍跨国经济贸易合作的因素，从海关环境、基础设施、信息技术、金融科技和制度环境等方面为贸易便利化的建设提供具体的措施和方法，从优化外贸发展模式、贸易商品结构、贸易市场结构等方面提出提升贸易潜力的政策建议。对重庆降低跨国贸易交易成本，提高对外经贸往来的效率，明确贸易发展目标和路径，促进经济增长具有重要意义。

1.2 文献综述

1.2.1 贸易便利化研究

自多哈回合以来，贸易便利化受到了众多学者的关注，经过多年的探讨研究成果，颇丰，可主要概括为以下四个方面。

一是围绕世界贸易组织在多哈回合中达成的重要成果《贸易便利化协定》的研究。

WTO部长级会议是最高决策机构，通常每两年举行一次，第九届部长级会议取得了突破性的成果，2013年12月7日正式通过了自1994年成立世界贸易组织以来首个多边贸易协定——《贸易便利化协定》（以下简称《协定》）。

在定性研究方面，黄志瑾（2014）、何力（2014）回顾了多哈回合中有关贸易便利化的阶段性成果，总结了《协定》的主要内容，并界定了《协定》的法律地位。Armella（2019）着重分析了《协定》中保护私营经营者的内容，其研究表示，为了确保在贸易商和海关当局之间的交易中执行透明度、法律明确性、贸易商的信息、辩护权，以及获得司法保护的权利等基本原则，《协定》规定了与海关程序、管制以及经济经营者的权利有关的具体标准和规则。

在福利分析方面，Eliason（2015）认为实施《协定》除了存在监管问题，还将降低跨境贸易的成本，同时改善发展中国家的贸易，并允许世贸组织成员通过程序精简和监管自由裁量权的结合，更好地控制贸易流动。盛斌（2016）认为实施《协定》的成本包括诊断及重组成本、监管成本、机构成本、培训成本、设备与基础设施成本、意识提升成本；收益主要是能促进全球经济与贸易增长，有效降低贸易成本，有助于实现出口多样化，为WTO体制与多边贸易谈判提供借鉴。

二是国内外有关贸易便利化的内涵解释、评价指标及评价方法。

首先，贸易便利化的内涵并无国际通行的定义，并且具有演化扩大倾向。世界贸易组织的定义是“简化并统一国际贸易中与商品和要素跨境流动有关的行为、规则和程序”。亚太经合组织认为，贸易便利化通常是采取措施减少与贸易有关的手续和行政壁垒，降低交易成本，推动商品和服务在全世界流动得更加快速和便捷。世界海关组织则着重强调与海关程序有关的方面。王冠凤（2013）认为，贸易便利化是要在跨境贸易中提供货物流转和文件交付等方面的支持，并且对标国际或区域规则，提高贸易、海关、制度环境的专业度和透明度。孙林和倪卡卡（2013）认为，贸易便利化是要为商品和要素的跨国流动提供一个透明并且可预见的贸易环境，要求简化进出口手续和程序，夯实贸易硬件条件，完善贸易法律法规等。王俊（2014）认为，贸易便利化的实质在于提升贸易自由化水平，大力削减约束贸易的外部因素。

其次，在贸易便利化水平的评价指标选取上，主要有三种方法。

（1）计数法，主要针对亚太经合组织的“贸易便利化行动计划”进展进行统计（Woo，2004），设计了海关程序、标准一致化、商务流动等领域来估算亚太经合组织各国贸易便利化进展情况。

（2）计分法，对贸易便利化所涉及的众多指标对应的子指标进行计分，研究数据多来源于国际机构对各国相应指标的评分报告，如世界经济论坛的《全球竞争力报告》和《全球贸易便利化报告》、透明国际的全球清廉指数、世界银行的《营商环境报告》等。Wilson等（2003，2005）采用统计数据对各国的海关环境、港口效率、监管环境和电子商务使用4个一级指标和相应的二级指标进行了评估。段景辉和黄丙志(2012)使用政策环境、海关与边境管理环境、物流与基础设施环境、政府与金融环境4个一级指标、9个二级指标、28个三级指标分别计分并计算综合指数来测量各国的贸易便利化状况。

(3)代理变量法,这一方法应用较为广泛,主要是由于贸易便利化的直接指标获取难度较高,因此选取具有代表性或相近含义的指标当作贸易便利化的代理指标(Djankov等,2010;Dennis,Shepherd,2011)。Averch等(2014)认为,时间成本会影响出口产品是否能进入特定的国外市场以及贸易量,特别是农产品等时间敏感型商品,因此,有研究用进出口时间作为代理变量来衡量一国贸易便利化水平(Persson,2013;汪戎和李波,2015)。随着研究的深入,指标越来越细化,构建一个多维度的综合指标逐渐成为主流测算方法(Wilson等,2003,2005;Shepherd等,2009; Portugal-Perez,Wilson,2012;孙林,倪卡卡,2013)。

最后,在贸易便利化水平的测算方法上,除了典型的简单算术平均法外,还可使用不同的方法给贸易便利化指标赋予不同的权重,进而计算出贸易便利化水平。目前,主要的赋权方法有层次分析法、主成分分析法两种。

简单平均数赋权是把二级指标简单平均化测算出一级指标,一级指标再简单平均化计算出贸易便利化综合水平(Wilson等,2003,2008;沈铭辉,2011;李想,2015)。谢娟娟、岳静(2011)使用简单平均法测算出我国及50个与我国进行贸易往来的国家的贸易便利化水平。

层次分析法是从相关领域专家评判指标的重要性出发,对各级指标进行一层一层赋权(Jittichai等,2014;姚学颖,2015;Nitipon等,2018)。朱剑冰、吕静(2015)运用层次分析法对贸易便利化指标体系进行赋权,并有效结合德尔菲法,更加科学和准确地得到贸易便利化体系中各指标的权重,测算出中国的25个主要贸易合作伙伴的贸易便利化水平。

主成分分析法是一种统计分析方法,从二级指标中提取主成分,提取出的主成分加权平均得出二级指标的权重,通过二级指标权重计算出一级指标权重,进而测算出研究主体的综合评价水平(李豫新,郭颖慧,2014;张斌,2016)。Daniel等(2019)使用主成分分析评估了2006-2015年间52个非洲国家的贸易便利化措施及其综合效应对贸易绩效的影响。

三是有关贸易便利化对经济影响方面的研究。

在研究方法上,当前学者常用的有以下四类方法:

(1)对某特定商品或某类贸易便利化措施的案例研究(Shepherd,2006;Panganiban,2019),王祖强和胡阳(2013)从义乌发展跨境电子商务的意义、可行性和具体措施三方面,分析了如何通过探索形成适合小商品市场特点、低成本、高效、快捷、安全的跨境电子商务模式促进贸易便利化。

(2)采用引力模型的研究(Mishra等,2008;Chahir,2015),Wilson等(2003;2005)基于对贸易便利化指标体系的构建,应用贸易引力模型,先后对亚太经合组织国家和全球75个国家或地区进行了实证检验,结果都表明贸易便利化可以显著地促进贸易流量增加。Morini(2015)运用引力模型分析了贸易便利化措施对贸易流量的影响。更多学者应用扩展的引力模型对东南亚地区、泛欧地中海地区、中亚地区、非洲地区等进行了研究,也认为贸易便利化可以显著地促进地区内贸易流量增加(Shepherd和Wilson,2008;Bourdet和Persson,2014;Felipe和Kumar,2012;Iwanow和Kirkjpatrick,2008)。

(3)基于全球贸易分析模型的研究(Francois等,2007;Subashini等,2017),李思奇(2018)运用GTAP模型研究得出,贸易便利化水平提升将促进中国与中亚五国经济增长与社会福利增加、贸易条件改善;但除美国外的其他国家经济将受到不同程度的负面冲击。从产业层面来看,贸易便利化会对矿产资源、纺织服装、轻型制造业及重型制造业部门产生较大影响。

(4)基于一般均衡模型的研究(Decreux和Fontagne,2006;Francois和Manchin,2013)。Hertel等(2001)运用CGE模型对日本和新加坡的贸易便利化改善进行了研究,认为两国在电子商务和海关手续等方面的贸易便利化改善,不仅可以促进两国之间的贸易,也会增加它们与世界其他国家之间的贸易。陈虹和杨成玉(2015)对"一带一路"沿线国家进行了CGE分析,认为各国参与"一带一路"建设的贸易便利化改进,可以显著提高沿线国家的贸易总额和国内福利。

在对不同经济要素的影响上,Iwanow和Kirkpatrick(2008)的研究表明,贸易便利化措施每改善10%,出口则增加5%。孔庆峰和董虹蔚(2015)指出,提升"一带一路"沿线69个国家的贸易便利化水平有利于释放国家间的贸易潜力。Felipe和Kumar(2012)、叶明和张磊(2013)、李斌等(2014)、谭晶荣和潘华曦(2016)也分析证明促进贸易便利化能增加贸易流量。Dollar and Krray(2001)以亚太经合组织成员国为样本,测算了贸易便利化水平对人均国内生产总值的影响,前者每提高1%,人均国内生产总值大约增加4.3%。Cuong(2015)证明贸易便利化有助于中低收入国家减少贫困和不平等,提高人均GDP。佟家栋和李连庆(2014)、Bernard(2015)分析了贸易便利化对社会福利的影响。Robert等(2014)、汪戎和李波(2015)、Cosimo等(2015)估计了贸易便利化对出口多样化的影响。

四是有关贸易便利化实施措施方面的研究。

在海关管理方面,王冠凤和郭羽诞(2014)、谢谦(2018)针对我国自贸区的贸易便利化发展,建议优化口岸贸易环境提高通关效率,加强信息化建设实现通关智能化。余波(2007)、陈苏明(2013)、王丹丹和陆克斌(2012)、沈玉昊和康青青(2015)、孙彩红(2015)也从改善海关管理、促进贸易便利化方面给出了相关建议。在国际合作方面，王铁山、贾莹和徐玲（2015）提出为推动丝绸之路经济带贸易便利化，我国应协调制定总体规划与创新合作机制，加强沿线国家间的通关合作，加强沿线国家重点领域和我国重点区域的贸易便利化建设。张晓静和李梁（2015）、林琦和欧思歆（2018）、周跃雪（2018）、Zamroni（2020）建议加强国际合作，发挥重大国际会议、论坛和国际组织等平台的作用。在交通物流方面，龚新蜀和马骏（2014）分析了丝绸之路经济带中交通基础设施建设的贸易便利化水平对于贸易的影响，并提出建立综合性交通网络等建议。岑丽阳（2007）、刘秉镰和刘玉海（2011）也从这个方面给出了相关建议。

此外，也有学者给出了多角度的政策建议，孙林和倪卡卡（2013）认为在其所选定的贸易便利化措施中，贸易壁垒的盛行程度和因特网的使用都对国际农产品出口东盟有显著影响，因此建议以提高因特网使用率和降低贸易壁垒的盛行度为切入点，推进中国和东盟区域的贸易便利化进程。韩东（2015）通过对中国与中亚五国贸易便利化发展情况的测量和对比分析，从资金结算、融资、交通运输、海关与检验检疫、人员流动等方面提出了相关政策建议。毛艳华和杨思维（2015）通过对海上丝绸之路沿线国家贸易便利化的现状进行研究，提出该区域贸易便利化存在的问题，并从海关口岸管理、金融支持以及交通设施方面的建设给出综合性的建议。

1.2.2 贸易发展研究

梳理国内外贸易发展相关研究文献发现，大多数学者主要关注以下三方面的问题。

一是影响贸易发展的因素。Mario和Gregor（2016）以瑞典的32个城市1732—1914年的19种商品为研究对象，发现随着时间推移，地理位置对价格的影响将会显著减少。高士亮和熊磊（2008）对中国对外贸易的宏观影响因素进行了实证检验，研究表明我国各省市出口贸易受其自身FDI、GDP及劳动力人数的显著影响；进口贸易受其FDI、GDP及国内投资的显著影响。而张建华和刘庆玉（2004）利用我国20世纪90年代以来的数据对西方经济理论中贸易条件与经济增长和产业结构的关系做了实证分析，结果表明经济增长对贸易条件的影响并不显著，而产业结构对贸易条件却有明显的影响。按产业分类研究影响贸易发展因素的文献整理如下。

在农产品出口贸易方面，张海森和谢杰（2011）、张兵和刘丹（2012）分别研究了中非双边农产品贸易和美国农产品出口贸易，均表明市场需求会显著影响贸易量。王瑞和王丽萍（2012）研究证明人口规模、经济规模、加入世贸组织和亚太经合组织对双边农产品贸易有促进作用，而贸易国间的距离、人均收入差异、突发的金融危机对贸易流量存在负面影响。龚新蜀和张晓倩（2014）运用CMS模型测算分析了中国对中亚五国农产品出口贸易波动的影响因素，结构效应是主导因素，竞争力效应次之，二阶效应对中国农产品出口贸易波动的影响程度最弱。Burianová（2011）、Anna Kanyangemu 等（2019）的研究也证明农产品在国际市场上的竞争力会影响出口贸易规模。Nalin（2011）提出可通过创造有利的政策环境，减少农业贸易中的风险和交易成本有关的具体问题，如简化单据、海关程序、监管制度和互认，从而促进农业贸易的增长。

在制造业贸易方面，V.Polodoo 等（2016）、张晓月和袁广（2019）分别从汇率波动和专利商标两个角度研究了它们对制造业产品出口规模的影响。江希、刘似臣（2014）的研究结果表明，在出口增加值影响因素的 Johansen 协整检验和 VEC 计量模型中，长期内垂直专业化程度对增加值的影响高于制造业的劳动生产率和规模经济，而短期内变量的影响程度排序与长期恰好相反。罗勇等（2020）结合 2007—2017 年中国制造业出口产品数据研究结论表明：在当期，贸易便利化对出口产品质量存在显著抑制作用，但在长期，贸易便利化对出口产品质量有促进作用，且该作用在第二期开始体现。

在服务贸易方面，丁平（2007）通过构建服务贸易竞争力“金字塔模型”分析得出，一国服务贸易国际竞争力既受到服务企业微观主体的影响，又受到服务业的支撑和关联产业的带动，同时还受到市场开放、资源禀赋和政策支持等宏观因素的制约。其中，中国服务业发展水平、外商直接投资额、货物出口额、服务市场开放度和国内消费水平这几个因素均与中国服务出口正相关，且影响显著。尤其是服务业就业人数、服务市场开放度以及城镇居民消费支出和农村居民消费支出，对服务出口的促进作用更大。Ahmadzadeh 等（2012）的研究认为，人均 GDP、实际有效汇率、外国投资流入以及基础通信设施对服务出口具有显著的正面影响，而通货膨胀和制度指数减缓了服务出口的增长速度。

二是贸易潜力的测算方法。引力模型的概念源于牛顿万有引力定律，为分析两个国家或地区的贸易潜力提供了坚实的基础。在 20 世纪 60 年代，Tinbergen 和 Poyhonen 最早使用贸易引力模型，“两国之间的双边贸易流量可以用牛顿引力方程来近似”。Anderson（1979）、Helpman 和 Krugman（1985）、Deardorff（1998）进一步扩大了引力模型的理论范围，显示两国之间的贸易规模与其经济规模之间存在正相关关系，两国之间的距离存在负相关关系。Baldwin（1994），Nilsson（2000），Egger（2002）是国外较早且成为代表的运用传统引力模型探讨两国之间贸易潜力的学者。随着研究发展，越来越多的变量被引入模型中作为解释变量测算贸易潜力，如人均国内生产总值、人口规模、贸易依存度、汇率以及共同边界、贸易协议等虚拟变量。国内学者中，盛斌和廖明中（2004）以美国为参照国，运用引力模型分析了影响中国出口的因素，结论显示首要因素是贸易伙伴国的经济规模总量，其次是地理和贸易安排，最后是贸易依存度和人均收入。赵雨霖和林光华（2008）、毕燕茹和师博(2010)、廖明中(2015)等也利用引力模型研究了中国和不同国家或地区间的贸易潜力。

但是,由于传统引力模型存在估算出来的拟合值只是影响贸易的各种决定因素的平均效应、不能解决贸易阻力问题,估计出来的贸易潜力值存在一定的偏差(Armstrong,2007)等缺陷,所以随机前沿方法被引入引力模型中。Frantianni(2007)比较了从1975年到1999年177个国家的数据,使用最小二乘法的引力模型和随机前沿分析比较了两种方法。结果表明,两者基本等价,但随机前沿引力模型的结果更好。Ravishankar(2014)利用随机前沿引力模型,运用非时变假设下的技术效率公式来估算东欧国家的贸易潜力。国内学者鲁晓东和赵奇(2010)通过随机前沿引力模型,估算自然、人为决定因素对出口水平的影响程度,最终得出中国的出口处于低效率状态,其所受人为贸易阻力较大,但伴随着国际贸易环境的逐步改善,中国的出口潜力仍然巨大。谭秀杰和周茂荣(2015)运用时变随机前沿引力模型得出,"海上丝绸之路"的实际贸易水平与贸易潜力存在较大差距,而贸易非效率是造成该差距的主要原因。

最后,在贸易潜力评估方面,传统贸易引力模型通过模拟"理论"和"自然"两种情况下潜在的贸易额来估算贸易潜力,将两国之间的实际贸易额与模拟的贸易额进行比较,如果实际贸易值高于模拟值,就认为两国之间的贸易属于"贸易过度",相反则认为是"贸易不足"。我国学者广泛采用刘青峰和姜书竹(2002)的研究结论,即将国家间的双边贸易潜力根据其系数与0.8、1.2这两个数值的大小关系分为三种类型:潜力再造型(系数>1.2)、潜力开拓型(0.8<系数<1.2)、潜力巨大型(系数<0.8)。

三是对不同的贸易伙伴间或不同产品间的贸易潜力实证分析。

在不同贸易伙伴国方面,Shahriar Kabir等(2011)利用1996—2008年的数据实证分析得出欧盟和东盟区域间的潜在贸易和实际贸易差距较大。Piratdin(2018)利用引力扩展模型估算了2000年至2016年吉尔吉斯斯坦与35个国家之间的贸易流量和贸易潜力,认为吉尔吉斯斯坦与俄罗斯、塔吉克斯坦等国有巨大的商业潜力。Juwita Puteri Nuraisyah(2017)、V.R.Renjini(2017)、Evelyn S. Devadason,等(2019)研究了东盟成员国间的贸易潜力。目前我国学者大多研究中国与东盟国家、"一带一路"沿线国家、金砖国家、美国、日本、韩国等国家间的贸易潜力。蒋冠和霍强(2015)运用2001—2012年中国与10个东盟成员国以及其他33个主要贸易伙伴国的面板数据,实证检验中国与东盟国家进出口贸易创造效应,测算中国与东盟国家进出口贸易潜力,结果表明中国—东盟自由贸易区对中国与东盟国家出口贸易创造效应较为明显,且贸易创造效应呈递减趋势,双方贸易潜力仍然巨大。邵桂兰和胡新(2013)、庄丽娟和郑旭芸(2015)、李珊珊等(2020)也做了中国-东盟间的贸易潜力研究。蓝庆新和唐琬(2020)以其他四个金砖国家为样本,基于2006—2018年面板数据，利用扩展引力模型测算了中国自其他四个金砖国家进口贸易的影响潜力，结果表明中国自其他四个金砖国家的进口贸易整体均处于贸易过度状态，但仍然属于潜力开拓型进口贸易，且近年来各国显示出各自不同的贸易特点。金缀桥和杨逢珉（2015）、林玲等（2018）分别研究了中韩、中美间的贸易潜力。

在不同产品方面，Abdoulkarim等（2011）利用面板数据和引力模型分析了伊朗对70个国家的农业出口额，认为与发达国家相比，伊朗与发展中国家的贸易更加过剩。Vu Van Trung等（2016）分析了2002—2013年间越南与45个国家的气候智能产品贸易，得出与其中的19个国家都存在巨大的贸易潜力。帅传敏（2009）采用中美两国及其主要贸易伙伴的时间序列和面板数据，基于引力模型和固定效应假设，分别对中美两国之间以及中美与其主要贸易伙伴之间的农业贸易流量进行的实证分析显示，中美两国农产品出口具有不同的潜力空间和区域特点。潘安和魏龙（2013）、张静中和曾勇（2017）、尹华、胡南和刘咪咪（2020）分别分析了我国稀土、电气和电子产品、工程机械产品出口与其他贸易伙伴国间的贸易潜力类型。张瑛、赵露和陈雨生（2018）对2016年山东省与"一带一路"沿线国家水产品出口贸易潜力进行了测算，表明山东省与"一带一路"沿线30个国家的水产品出口潜力主要集中于贸易潜力再造型和贸易潜力巨大型，并对一些"一带一路"国家过度依赖，造成这些国家的进口需求不足以支撑山东省水产品出口贸易流量的继续扩大，而与另一些国内生产总值较大、人口较少、市场开发潜力巨大的国家开展水产品贸易力度不足。

1.2.3 研究述评

从以上文献综述中可以看出，针对某一特定的研究主题，学者的切入点略有差异，但总体上呈现出一定的发展趋势，研究内容更加丰富且深入，使用的模型和方法也更加成熟完善。

首先是对于贸易便利化的相关研究。在定义上，许多国际经济组织给出了不同定义，国内外学者在此基础上将更多影响贸易的关境因素与境内因素纳入其中，丰富了其内涵（王冠凤，2013；孙林，倪卡卡2013；王俊，2014）。在测评上，部分学者使用诸如经济合作与发展组织、世界银行等国际经济组织发布的相关指标作为贸易便利化的替代变量；另有部分学者沿用Wilson构建的贸易便利化综合评价体系或者在此基础上进行指标的增减与体系的完善。为减少各指标间评估内容的交叉性，学术界甚至提出了更加细化的三级指标体乐。在实证研究方面，学术界采用的方法主要有三大类：GTAP模型、CGE模型以及贸易引力模型。总体来说，更多的文献通过设立综合评价体系、运用更加科学的模型形式进行测度，涵盖内容更加全面，得到的结果也更加客观。但是仍有不足之处，对于一国贸易便利化水平的度量，当前并未形成统一的测算方法，并且由于不同学者使用的指标千差万别，研究结果和贸易便利化水平评价不具有横向对比性。

其次是对于贸易发展的相关研究。除了经济总量和距离等传统观点外，学者们归纳的贸易影响因素越来越广泛和完善，有助于从不同角度刻画国际贸易的发展进程和提出促进贸易的政策建议。贸易发展的重要内容是贸易潜力的测算，在方法上，采用传统引力模型研究双边贸易的文献很多，研究的视角不一，选取的变量众多，研究区域和领域涉及不同国家和行业。

但置于新的历史条件和发展环境中，已有研究仍存在以下不足：从研究对象上来看，国内学者们的研究侧重点主要集中在贸易便利化对中国出口贸易的影响，诸多研究仅是对贸易量的分析，并没有进一步对贸易潜力进行分析；从研究视角上来看，关于贸易便利化及其对出口贸易的影响研究，更多的是基于中国整体的研究，即贸易便利化对中国出口贸易的影响，而对省级贸易的影响及省级贸易便利化的研究较少，对重庆市的研究更少。

鉴于此，本书研究了重庆市贸易便利化概况，实证分析了其水平，并与其他国家和地区进行对比分析，研究了贸易便利化对重庆市出口贸易的影响，并进一步探讨其发展潜力，最后提出了提升重庆市贸易便利化水平及促进出口贸易发展的相关政策建议。本书的研究以其对提升中国省级贸易便利化水平和基于贸易便利化视角促进出口贸易发展具有一定的理论和现实意义。

1.3 主要研究内容、研究方法与研究思路

1.3.1 主要研究内容

本书分七个章节，对重庆市贸易便利化和出口发展的相关问题进行研究：

第一章为绪论部分，主要介绍了选题的研究背景、研究意义，贸易便利化和贸易发展等方面的国内外研究成果，论文主要的研究内容、研究方法和研究思路，以及可能的创新与不足。

第二章为重要概念界定及相关理论基础分析部分，详细梳理了贸易便利化和贸易潜力的概念；并结合国际贸易相关理论、信息不对称理论、国际竞争优势理论以及交易成本理论，从经济理论上分析了贸易便利化如何影响出口贸易；再依据本书的贸易便利化评价指标，从海关环境、基础设施、制度环境、信息技术四个角度分别阐述了贸易便利化对出口贸易的影响机理，为后文分析奠定理论基础。

第三章是重庆市出口贸易发展概况，从重庆市出口贸易现状及面临的主要问题两个方面进行分析。具体来说，重庆市出口贸易现状分析了1997—2019年重庆市出口贸易额、出口依存度、出口贸易结构三个方面的内容，指出存在着出口贸易增长趋于缓慢、出口贸易方式不平衡、出口抗风险能力差的问题。

第四章是重庆市贸易便利化发展分析，主要从基础设施、海关环境、信息技术、制度环境四个方面分析了重庆市贸易便利化发展概况。首先收集整理我国各省市的相关数据，根据国内不同省份间的现状比较，分析重庆市的贸易便利化水平，并分别指出了重庆市在这四个方面的不足之处。其次构建了贸易便利化测评指标体系框架，介绍了样本和数据来源，依靠测评体系框架做了重庆市和32个贸易伙伴国的贸易便利化水平测算，并对各指标表现进行了分组比较。

第五章是贸易便利化水平对重庆市出口贸易影响的实证分析，基于上文计算所得贸易便利化水平综合值，再加入其他经济因素构建引力模型，实证分析了贸易便利化及其他因素对重庆市出口贸易的影响程度，并基于贸易便利化水平对重庆市出口贸易潜力进行分析，计算了重庆市对32个贸易伙伴国的出口贸易潜力，并借鉴前人研究把贸易伙伴国分为具有不同贸易潜力特征的3组，探究重庆市与各国之间还有多少出口贸易潜力可以挖掘。

第六章是国内外贸易便利化建设及其经验借鉴，总结了美国、欧盟、日本、新加坡和中国香港5个国家或地区的贸易便利化建设，为促进重庆市贸易便利化发展提供经验借鉴。

第七章是主要结论与对策建议，简要概括了本书的主要结论，并根据重庆市出口贸易和贸易便利化存在的不足，以及实证分析所得结果给出相应的政策意见。分别从加强交通基础设施建设、打造国际物流分拨中心，深化海关改革、缩短通关时间，发展贸易新模式、提高贸易数字化水平，建设新型金融机构、鼓励金融改革创新，完善制度建设、创造优良营商环境等方面提出促进贸易便利化的政策建议，从优化外贸发展方式、优化外贸商品结构、优化外贸市场结构三个方面提出促进出口贸易发展的政策建议。

1.3.2 研究方法

本书结合了微观经济学、国际贸易理论、信息不对称理论、国际竞争优势理论、计量经济学、制度经济学，遵循科学研究的一般逻辑和研究范式，对重庆市贸易便利化和贸易发展相关问题进行了系统研究。研究过程中采取定性分析与定量分析相结合、规范分析与实证分析相结合、宏观分析与微观分析相结合等多种方法。本书主要运用了以下四种方法：

第一是文献研究法，即利用各种数据库和大量书籍查阅国内外相关理论文献资料，并对其研究思想、研究方法及其他方面进行分析，把握研究前沿。已有的研究成果为确定本书研究方案、贸易便利化和贸易潜力的概念、理论基础和机理分析、贸易便利化评价指标体系以及引力模型中的解释变量提供了支持。

第二是实证研究法，即利用数量分析技术，分析和确定有关因素间相互作用方式和数量关系的研究方法。本书引入贸易便利化因素,构建了引力模型计量分析贸易便利化对重庆市出口贸易的影响,并基于此模型测算了重庆市对外贸易潜力。

第三是统计分析法,即通过对研究对象的规模、速度、范围、程度等数量关系的分析研究,认识和揭示事物间的相互关系、变化规律和发展趋势,借以达到对事物的正确解释和预测的研究方法。本书通过整理相关数据,介绍了重庆市1997—2019年间的贸易整体情况、2010—2019年间的贸易结构演变,并利用统计数据说明了重庆市贸易便利化发展概况。

第四是比较分析法,即把两个相互联系的指标数据进行比较,从数量上展示和说明研究对象规模的大小、水平的高低、速度的快慢以及各种关系是否协调的研究方法。本书基于各种数据和模型的计量结果,按照时间序列纵向比较了重庆市在不同时期的出口贸易变动和贸易便利化建设状况;按照分组横向比较了重庆市和我国其他省市以及主要贸易伙伴国的贸易便利化水平。

1.3.3 研究思路

本课题沿着问题的提出→研究背景→理论研究→实证研究→政策研究的思路展开研究,基本思路如下图:

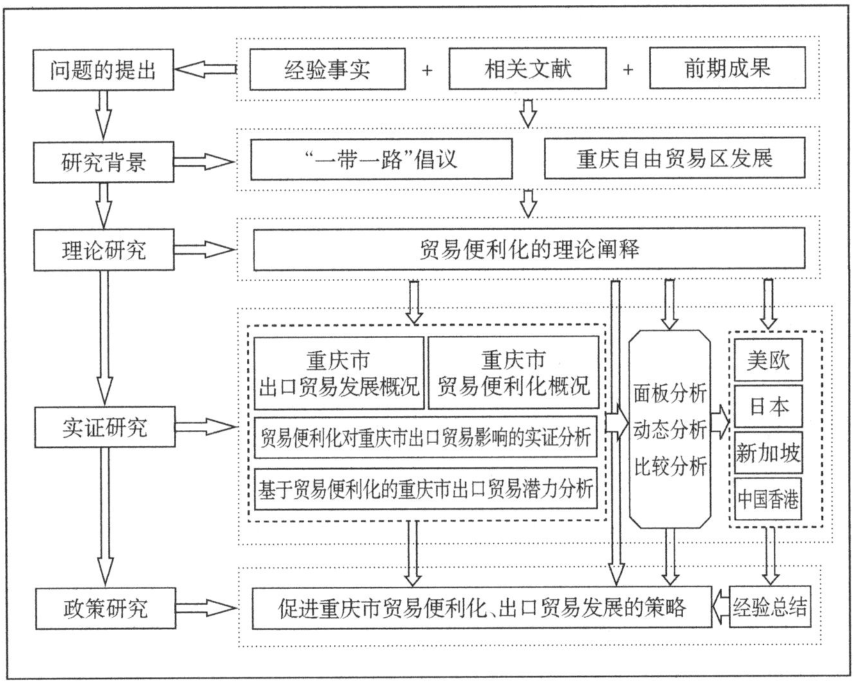

图1-1　技术路线图

1.4 可能的创新与不足

1.4.1 可能的创新

本书以重庆市的贸易便利化和出口贸易为研究对象,在充分的文献研读基础上,采用了最新的数据进行研究,具有一定的理论意义和实践价值,可能的创新主要有以下几点:

第一,在研究对象方面,经过对国内外近年有关贸易便利化和贸易发展文献的梳理来看,绝大部分研究依然以国家及地区为出发点,也有基于某一商品或行业层面的研究,但真正以单一省份为样本,考虑整体情况的研究还有待补充。由于双重框架的原因,只针对某一主权国家下个别行政单位的研究范围往往过于庞大且难以计量,很难进行全局性的描述并顾及众多方面因素的影响。统计标准不规范导致地区、省份的统计数据往往不容易进行计量分析,且大部分数据难以获得,使得这一方面的研究存在滞后现象。本书尝试以单一省份为观察样本,尽量对全局进行描述和分析,完善地描绘重庆市贸易便利化现状及可能的出口贸易发展趋势。

第二,在研究视角方面,现有的文献大多分别研究贸易便利化和贸易潜力,较少有把贸易便利化水平作为影响贸易量的因素加入模型,进而计算理论贸易值和贸易潜力。本书基于贸易便利化视角,探索重庆市与其他国家开展贸易的效率问题和潜在的贸易可能性,有利于通过改善贸易便利化水平作用于开发贸易潜力,具有现实指导意义。

第三,在研究内容方面,本书首先利用我国的统计网站和各种发展报告的数据,从交通基础设施、海关环境、电子商务、金融科技和政府透明度五个方面比较分析了重庆市的贸易便利化建设在我国31个省市的水平。再通过世界经济论坛公布的数据,评估了重庆市及其主要的32个贸易伙伴国的贸易便利化水平。相较于现有文献,本书运用描述性统计从更微观的角度表现了重庆市的贸易便利化水平。

1.4.2 不足之处

科学研究是不断探索的过程和反复试错的过程。在前人的工作基础上,本书虽有一定贡献,但鉴于各方面条件的限制,难免存在诸多不尽如人意的地方和缺憾,这些不足为进一步深入研究留下了改进的空间,是研究者在今后的工作和学习中继续探索的方向和动力。本书的不足集中体现在以下方面:

第一,本书只对重庆市的出口贸易相关问题进行研究,未来可更全面地分析重庆进口、出口和进出口三方面的贸易发展概况,也可就各国贸易投资便利化水平对重庆市进口贸易和贸易总量的影响做进一步研究。

第二,本书运用引力模型测算贸易便利化水平和贸易潜力,得到的只是贸易决定因素的平均效应，模型的残差项中纳入了那些没有办法测量的且不易量化的或者制度性等限制两国之间贸易的因素，估计出来的贸易潜力会存在偏差。未来可选用更加科学的随机前沿引力模型和时变随机前沿引力模型估计贸易潜力。

第三，本书数据样本不大，由于部分国家的数据的缺失，本书仅选取了32个贸易伙伴国2018年的截面数据做实证分析，可能会存在误差，模型的解释力和说服力不是很充分。若能增加国家数量，并选用面板数据增大样本容量，将有效解决遗漏变量问题，提高模型精确度。同时，面板数据也提供了个体的动态行为信息，有利于分析贸易便利化水平的时间变化。

2 重要概念界定及相关理论基础

2.1 重要概念界定

2.1.1 贸易便利化

贸易便利化并无国际统一通行的定义，并且具有演化扩大倾向，由最初的"边境措施"向"边境后措施"拓展，即由海关机构延伸到一国的制度环境、交通环境、商务环境等多个方面。贸易便利化以减少国际贸易障碍、降低交易成本、实现贸易的自由与开放为最终目标。本书采用包括"边境后措施"的解释，从国际贸易的全过程出发，综合通关手续和程序、关税高低和效率、要素和货物运输效率、政府在商务贸易方面的法律和制度以及现代化信息技术等多方面解释贸易便利化内涵。

2.1.2 贸易潜力

对技术进步的研究是贸易潜力分析的来源。生产函数代表在给定的投入和技术效率下个体经济可达到的最大产出，即生产潜力，但由于非效率因素，实际产出往往不是最大的输出，这就产生了生产潜力和实际产出值之间的差距，这是一定的效率损失。Armstrong(2007)认为，贸易潜力是指在没有贸易阻力和自由贸易条件下贸易所能达到的最大流量，是一个极限的概念。因此，贸易潜力是指生产函数在已有的投入组合下，个体经济能够实现的贸易最大值，主要决定于技术进步和贸易环境的改善。出口贸易潜力则表示给定贸易要素投入后出口的最大值，或是贸易投入不变的情况下，通过改善贸易条件或现实约束，出口贸易的增加程度。

贸易潜力归根结底是贸易流量研究的一部分。在理想环境下，国际分工细化和需求结构调整能够直接将贸易潜力转化为双边贸易。所以，贸易潜力的研究离不开对贸易流量的研究,这种依赖表现在利用对外贸易流量数据和估计方法测算贸易潜力,以此预测某外部冲击和内部调整是否有利于增加出口和进口,是否有利于加强与某地区的贸易合作,是否给本国某产业带来进出口的可能。当前学者研究两国或区域之间的贸易潜力,多数是应用传统的引力模型或拓展引力模型,进行贸易潜力的测算,最后利用测算结果的估计值计算出双边贸易拟合值,其中拟合值指的就是双边贸易潜力值,将所估算的拟合值与实际贸易值进行比较,进而研究双边贸易的拓展空间。

2.2 主要理论基础

从某种意义上来讲,贸易便利化即交易的便利化。交易过程的复杂性意味着贸易便利化的推进涉及多层次、多方面的行动,因此理解贸易便利化的理论基础也是多角度的。

2.2.1 国际贸易理论

首先是国际贸易相关理论,本书主要介绍了绝对优势理论、比较优势理论和要素禀赋理论。

(1)绝对优势理论(Theory of Absolute Advantage),又称绝对成本说(Theory of Absolute Cost)、地域分工说(Theory of Territorial Division of Labor)。1776年,亚当·斯密出版了奠定政治经济学理论体系的著作《国民财富的性质和原因的研究》,简称《国富论》。在书中,他提出了国际分工和自由贸易的理论,猛烈抨击了重商主义,鼓吹自由放任,用以说明一国开展国际贸易的原因及好处。绝对优势理论的主要结论为:国际贸易和国际分工的原因及基础是各国间存在的劳动生产率和生产成本的绝对差别。一国如果在某种产品上具有比别国高的劳动生产率,该国在这一产品上就具有绝对优势;相反,则具有绝对劣势。各国应该集中生产并出口具有绝对优势的产品,进口绝对劣势产品。绝对优势理论为那些生产率高的国家开展自由贸易提供了坚实的理论基础,其政策主张为支持自由贸易,国家应该扫除国际贸易的一切特权和障碍,认为开展国际分工,坚持自由贸易,最后社会总财富会增加。

绝对优势理论第一次从国际分工出发,证明了开展国际贸易可以增加国民财富,奠定了古典贸易理论的基石,是之后产生的理论的基础。但绝对优势理论存在明显的局限性,在现实社会中,有些国家在生产所有产品上都具有效率,而有的国家在生产所有产品上都低效率,前者每种产品都是绝对优势产品,后者每种产品都是绝对劣势产品。这样一来,依照斯密的国际分工原则,两国之间就不存在贸易的可能性,而实际上贸易仍然会在两个国家之间进行。对于此类现象,斯密的理论无法解释。

(2)比较优势理论(Theory of Comparative Advantage)。1817年,英国古典经济学家大卫·李嘉图出版了其代表作《政治经济学及赋税原理》,在绝对成本理论基础上提出了比较优势理论。他认为,如果一个国家各种产品生产都处于绝对优势,而另一个国家都处于绝对劣势,但它们在不同产品生产上的优劣程度是不同的,此时互惠的贸易仍然可以进行。两个国家依然可以按照"两优取其重,两劣取其轻"的贸易模式进行国际贸易,而这种贸易可以使两国都从中得到比自给自足更多的福利。

李嘉图进一步发展了绝对优势理论, 大大放松了一国开展国际贸易的条件,把从绝对优势理论那里只能得出部分国家开展贸易的结论替换为比较优势理论推出的所有国家都可以开展国际贸易的结论,促进了当时英国资本积累和生产力的发展,是国际贸易理论的基石,但也存在其局限性。如未考虑机会成本变化、对国际分工形成和发展的主要原因没进行解释、无法解释第二次世界大战后比较利益相近的发达国家之间贸易迅速发展和产业内贸易迅速发展的原因。再者,比较优势理论假定国际经济是静止的,这显然没有说服力。

(3)要素禀赋理论。1919年,埃里·赫克歇尔发表了《国际贸易对收入分配的影响》一文,探讨了各国资源要素禀赋与贸易发展模式之间的关系。此后他的学生俄林进一步发展了要素禀赋理论,因此这一理论又被称为赫克歇尔—俄林定理, 即H-0定理。在承认比较优势决定贸易的基础上,要素禀赋理论认为不同国家生产要素的丰裕程度是不同的,这种差异导致两国生产要素相对价格比例不同,要素价格比例不同会导致生产产品成本不同。因此,一国的要素丰裕度决定该国的比较优势,进而导致国际分工和国际贸易。每个国家应该生产和出口要素禀赋丰裕的商品,进口要素禀赋稀缺的商品。贸易的结果可以使两国产品价格均等化,在某种程度上使要素价格均等化。以中美贸易为例子,中国应该生产和出口劳动密集型产品,进口资本和技术密集型产品,而美国应该生产和出口资本和技术密集型产品,进口劳动密集型产品。

要素禀赋理论指出了比较优势现实决定因素和贸易模式,揭示了国际贸易对资源配置的重要影响,在国际分工理论中占有重要位置。但该理论也存在着明显的不足,忽略了技术进步、政策因素对于要素的影响,属于静态理论,且与当代发达国家间贸易迅速发展和跨国公司的产业内贸易大发展现实不相符,忽略了国际分工和国际贸易发展中最重要的原因,即资本主义生产关系——国际分工和国际贸易发展中最重要的原因。

国际贸易相关理论都专注于对贸易的成因和结构、福利以及相关的政策进行分析,为各国支持和推进自由贸易提供了理论基础。同时,大量文献表明,贸易便利化有助于减少国际贸易的成本,增加贸易流量和贸易双方的福利,因此各国应当扫除一切阻碍自由贸易的因素,积极地推进贸易便利化。

2.2.2 信息不对称理论

信息不对称理论(Asymmetric information theory)产生于20世纪70年代,乔·阿克尔洛夫、斯宾塞、斯蒂格利茨三位经济学家分别从商品交易、劳动力和金融市场三个不同领域研究了这个课题。乔·阿克尔洛夫在1970年发表的论文《"柠檬"市场:质量的不确定性与市场机制》从分析旧车市场入手,开始触及经济行为中的信息不对称问题,即某些参与人拥有但另一些参与人不拥有的信息。他认为市场放开并不能解决所有问题,信息是有价值的,由于信息的不对称总是存在,摩擦和冲突已经构成经济活动甚至其他社会活动的普遍特征。此外,斯宾塞(1973)提出的信号传递模型以及斯蒂格利茨(1976)提出的信息与价格模型,进一步丰富了信息不对称理论,由此,信息经济学得到更为广泛的研究。从20世纪80年代开始,一些西方经济学家把信息不对称理论引入对金融市场的研究领域,使得这一理论的价值逐渐体现出来。

信息不对称理论的基本内容可概括为两点:(1)有关交易的信息在交易双方之间的分布是不对称的,即一方比另一方占有较多的相关信息;(2)交易双方对于各自在信息占有方面的相对地位是清楚的。这种相关信息占有的不对称状况导致在交易完成前后发生逆向选择和道德风险。逆向选择是指由于交易双方信息不对称和市场价格下降产生的劣质品驱逐优质品,进而出现市场交易产品平均质量下降的现象。道德风险是指参与合同的一方所面临的对方可能改变行为而损害到本方利益的风险。逆向选择和道德风险严重降低了市场运行效率,在极端情况下甚至会造成市场交易的停顿。

由于信息不对称产生的贸易摩擦,无法充分发挥市场机制的问题经常出现。减少信息不对称是市场机制有效发挥的有效途径,如果贸易双方只是通过谈判来解决问题,既增加了跨境贸易中的成本,也浪费了宝贵的时间。因此,对解决信息不对称问题,提高贸易便利化水平起到了十分关键的作用。在整个跨境贸易中,贸易便利化有利于双方政策的更加透明化,使交易双方获得更加充分的市场信息,从而使市场环境更加和谐。

2.2.3 国家竞争优势理论

国家竞争优势理论,又称波特钻石理论模型(Michael Porter diamond Model),通过美国哈佛商学院教授迈克尔·波特于20世纪80年代到90年代初相继出版的《竞争战略》(1980)、《竞争优势》(1985)、《全球企业中的竞争》(1986)和《国家竞争优势》(1990)4本著作被系统地提出。波特从动态视角利用国家竞争优势决定因素"国家钻石模型"和优势产业阶段理论解释了为何一国某一产业会在国际竞争中具有很强的国际竞争优势。国家竞争优势理论的核心观点是:一个国家的产品在国际市场中的竞争优势主要来自于这个国家及行业在国际市场中的竞争优势,主要反映在产品生产力发展水平的优势。其中,优势产业的建立主要决定因素是该企业或产业是否在国际上拥有创新机制。

钻石理论模型(图 2–1)认为,决定某一产业的国家竞争优势共有4个基本要素条件和2个外加条件。4个基本要素分别是:生产要素状况(factor),需求状况(demand conditions),关联和支持产业(related and supporting industries),企业战略、组织结构和竞争状态(firm strategy, structure and rivalry)。两个外加条件是:机遇(chance)和政府(government)。这些因素相互影响、相互加强,共同构成一个动态的激励创新的竞争环境。其中4个基本要素最为关键,2个外加条件辅助、影响着4个基本要素。

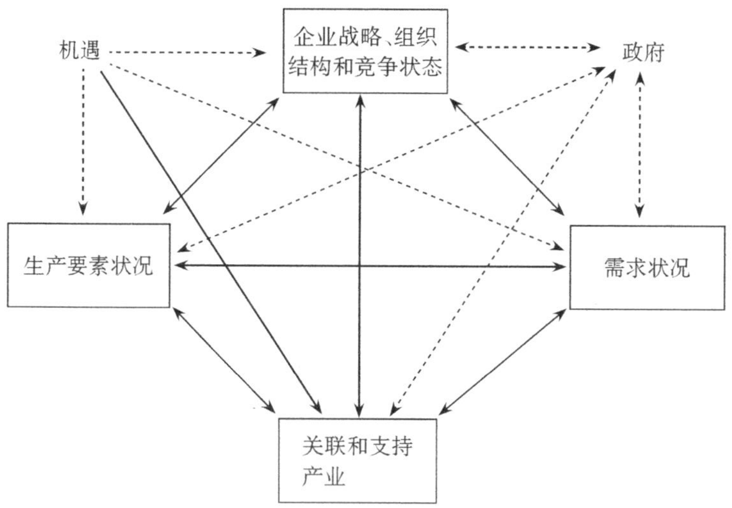

图 2–1　波特的钻石理论模型

优势产业阶段理论认为,任何国家在其发展过程中,产业的国际竞争都会表现出不同形式和特点,因此产业国际竞争的过程会经历具有不同特征的发展阶段,并且特别重视各国生产力的动态变化,强调主观努力在赢得优势地位中所起的重要作用。该理论认为一国优势产业参与国际竞争,分为四个依次递增的阶段:要素驱动阶段、投资驱动阶段、创新驱动阶段和财富驱动阶段。前三个阶段是国家竞争优势增长的时期,第四个阶段是国家竞争优势下降的时期。

这一理论是对当代国际经济学理论重要的发展。首先,该理论发展了传统贸易理论对于要素形成优势的静态观点,突破了以单项因素或其简单组合为出发点来开展理论分析的不足,这表现在以下三个方面:一是该理论深化了对要素竞争优势的认识,提出在要素基础上形成的竞争优势是动态变化的;二是该理论用贸易和对外投资综合在一起的思路来解释一个国家的特定产业为何能成功并维持住竞争优势;三是该理论充分反映了竞争的丰富内涵,对竞争优势来源的分析包括细分市场、差异化产品、技术差异和规模经济、质量特色、新产品创新和成本优势等。其次,该理论强调国内因素对于竞争优势的重要性，并在此基础上强调国家在决定国际竞争力方面的重要作用。波特非常肯定地指出，上述国内因素与竞争优势之间存在因果关系，国内要素对于竞争优势的作用往往是国外的同类因素所取代不了的。同时，国家竞争优势理论也为后来的研究工作提供了新的理论分析范式。鲁格曼等人（1998）将“钻石理论模型”拓展为适合加拿大经济分析的“双重钻石模型”；蒙等人（1998）又进一步将“双重钻石模型”拓展为适用于所有小国经济分析的“一般化的双重钻石模型”；乔（1994）以韩国为例构建了“九要素模型”，使其在欠发达国家和发展中国家更具解释力。

随着全球自由贸易的发展，高级生产要素在国际贸易中所起的作用越来越明显。贸易便利化水平可以更好地配置各个国家的生产要素，使得要素的供给与需求更加便利，提升国家的竞争优势，促进国家整体经济实力的提升。

2.2.4 交易成本理论

交易成本的思想最早是由诺贝尔经济学奖得主科斯在《论企业的性质》（1937）中提出的，其基本思路是：围绕交易费用节约这一中心，把交易作为分析单位，找出区分不同交易的特征因素，然后分析什么样的交易应该用什么样的体制组织来协调。他指出，生产过程中会发生成本，主要包括谈判过程发生的成本、监管督查的履行成本、信息搜寻过程的成本等。与此同时，他指出在没有成本的状态下，市场交易行为一定可以达到资源的最优化配置，与市场所有权的变化无关；当成本存在的情况下，市场所有权不同，将会导致资源配置的效果不同。

而后，阿罗在1969年提出了交易成本这个概念。交易成本或交易费有广义和狭义两种定义。从狭义的角度界定交易成本，一般可以界定为度量、界定和保证产权提供交易条件的费用、发现交易对象和交易价格的费用、讨价还价的费用、订立交易合约的费用、执行交易的费用、监督违约行为并对之制裁的费用以及维护交易秩序的费用。从广义来说，交易费用包括一切不直接发生在物质生产过程中的成本。如今，交易成本理论已经逐渐成为一种研究范式并带动国际贸易领域有关经济、制度、政治方面的研究。威廉·姆森对交易成本的构成也做出了进一步的划分，并提出了交易的三种主要区分标志以及由此区分产生的不同治理结构。他指出，交易成本分为合同签订之前的交易费用和合同签订之后的交易费用，还提出了影响交易成本的三种因素，即资产专用性、不确定性以及交易发生频率，认为不同的交易应分别对应市场、企业和混合组织三种治理结构来降低交易成本。

贸易成本本质上是交易费用和交易成本的一种，是交易成本突破一国的界限，发展到国际贸易的另一种表现形式。跨境贸易的交易成本包括在过海关时产生的时间成本与费用成本，同时一国的基础设施、制度环境、金融服务、信息技术等也会作为贸易便利化的组成部分影响交易成本，进而影响国际贸易。若能从贸易便利化的以上方面入手改善贸易环境，优化贸易流程手续，扫除一切阻碍自由贸易的因素，积极地推进贸易便利化，将有效降低交易成本，大大促进贸易的增长和发展，提高经济资源的配置效率。

2.3 贸易便利化对国际贸易影响的机理分析

根据前文所述，贸易便利化的内涵即为使贸易在更加有效率的基础上达到降低贸易过程中的各种成本的目的，简化贸易过程中的各种程序和手续、加强基础设施质量建设、提高通关效率以及完善相关制度和措施。本节将重点探讨贸易便利化的具体措施对于贸易流量变化产生作用的机理分析，涉及的具体措施包括基础设施、海关环境、信息技术、制度环境四类。

2.3.1 基础设施对国际贸易的影响

运输服务是国际商品贸易过程中的重要环节之一，运输设施的质量和运输服务的效率在国际贸易中有着不能忽视的重要作用，其影响越来越大。国际贸易中货物的运输方式主要有海运、陆运、空运。本书的基础设施衡量了公路质量、铁路服务效率、航空服务效率、海港服务效率以及电力供应质量。交通基础设施的质量和货物运输效率的提高将会缩短运输时间，加上电力的稳定供应，有利于促进贸易效率的提高。

对于陆地相邻的国家，提高公路和铁路设施的整体质量对跨境贸易的促进作用非常明显。近些年，航运技术发展较为快速，航运的成本越来越低，越来越多的国际货物运输开始选择航空运输，空运在国际货物运输中的地位越来越高，提高航空设施质量也有利于有效提高国际贸易效率。交通基础设施的发展意味着交通成本的降低，交通成本既包括使用交通工具带来的金钱支出，还包括耗费的时间和体力。因此，完善的交通基础设施网络有助于降低交通运输成本，进而降低交易成本，促进要素的跨境流动，从而提升贸易便利化水平。

2.3.2 海关环境对国际贸易的影响

海关是对进出口货物进行监管和检查的国家行政机关，也是国家进行国际贸易的重要手段。因而，海关环境对贸易量的影响是直接的也是显著的。本书中海关环境是用于衡量海关税收成本、贸易壁垒盛行度和通关效率的指数。海关关税成本的降低、贸易壁垒的削弱、海关程序简化都能够提升并优化海关环境，环境越好意味着贸易商的成本越低。相反则会导致海关效率低下，以及市场秩序混乱，不利于贸易便利化水平的提升，进而对一国对外贸易产生较大的阻碍作用。

关税涉及国家安全问题。税收主权的保证是一国从事国际事务需要重点考虑的因素之一,因而各国对于参与多边贸易的海关制度制定策略有所不同;非关税贸易壁垒主要通过对进出口商品制定严格的海关手续、实行复杂的海关程序、建立烦琐的卫生安全标准等,直接影响国家的贸易便利化水平。通关是一个涉及多环节、多部门、多种流程的复杂过程,包括海关和商检的查验、各种运输方式之间的衔接、港口仓储企业的存储和海关监管、海事部门审批检查和安全监控等,提高港口通关效率需要港口企业、海关、国检以及多种相关服务企业密切配合和协同工作。因而,海关环境的优劣在一定程度上对推动贸易便利化进程起到重要的引导作用,创造良好的海关环境,将有利于贸易伙伴国双方的跨国交易成本下降,进而促使一国贸易发展,促进国际贸易平衡,提升贸易便利化水平。

2.3.3 信息技术对国际贸易的影响

在现代经济社会中,国际贸易对信息技术的依赖也越来越明显。随着信息、通信技术在国际贸易领域的广泛应用,其快捷的信息传递和便捷的操作运用信息的特点极大地推动了贸易的快速发展。因此,信息、通信技术的发展对一国贸易的发展也将产生越来越重要的作用。本书中,信息技术指数包括政府在线服务、移动手机、移动宽带和互联网使用人数,衡量的是国家信息通信设施程度、利用信息提高经济活动和商业效率的能力,指数得分越高代表越容易开展电子商务和电子政务。

信息技术的发展能从不同主体的角度促进国际贸易。对于消费者而言,能多方面满足现代人的个性化需求,通过互联网交易降低经济成本;对于企业而言,借助于互联网发展电子商务,可以更好地开展新的国际贸易形式,并且通过互联网进行国际市场调研、营销和交易,可以增加贸易机会,降低跨国带来的高额通信费用和人工成本;对于政府而言,电子政务有利于加强风险监管,提高行政效率。信息技术指数反映了一国信息及通信技术可获得性的现状,良好的技术发展水平必将对国际贸易产生巨大的推动作用。

2.3.4 制度环境对国际贸易的影响

制度环境衡量的是一个国家政策制度的透明度和规范性。世界贸易往来中存在双边或多边贸易主体,而不同主体国内的政策体制和法律制度等都有很大差异。本书的制度环境是衡量政府管制负担、腐败程度、法律框架完整性和适应性的指数。宽松透明的贸易环境、完善健全的制度体系能够在一定程度上拉近双边贸易规制约束距离,降低谈判成本、订约成本和违约成本;相反,缺乏行之有效的制度环境,必然会阻碍贸易便利化水平进一步提高,从而影响该国商品贸易的发展。

政府管制的负担是指企业遵守政府规章制度所带来的负担程度的大小。腐败指数是指企业和政府发生腐败的程度。解决争端的法律框架的效率、产权保护、法律框架对数字化商业模式的适应性和破产监管框架则体现了法律的完备性、稳定性和有效性。制定完善的制度条例、建立法律创新协同推进机制,有利于减轻企业负担,减少腐败,加强产权保护,打造优良的营商环境,促进贸易便利化和国际贸易发展。

3　重庆市出口贸易发展概况

重庆市自1997年直辖以来，经历了20余年的发展建设，获益于西部大开发、三峡移民和库区建设、“一带一路”和长江经济带建设等的实施，紧抓发展机遇，积极承接产业转移，实现了经济与社会的跨越发展，对外开放的层次不断提高，逐渐成长为我国中西部地区对外开放高地和经贸发展的桥头堡。外贸进出口总额整体呈增长趋势不断扩大，从1997年的16.78亿美元增长到2019年的839.64亿美元，增长了50倍。其中，出口总额从7.80亿美元增长到538.00亿美元，增长了近69倍；进口总额从8.98亿美元增长到301.65亿美元，增长了近34倍。本章将重点分析重庆市的出口贸易发展情况和面临的问题，为后文分析重庆市的贸易便利化和贸易潜力奠定基础。

3.1 重庆市出口贸易发展现状

3.1.1 出口贸易额

1997—2019年重庆市出口贸易额整体呈增长趋势，根据其变化特点，可具体划分为四个阶段：

第一阶段(1997—1999)：囿于亚洲金融危机，发展受阻。重庆市出口额和对外贸易额均较小，且出口总值小于进口总值，进出口差额均为负值，出口增长率为负，出口额每年递减。受到亚洲金融危机的影响，重庆这三年的外贸情况不是很乐观。

第二阶段(1999—2009)：波动上升，蓄势待发。受益于中央经济工作会议决定实施西部大开发战略等一系列促进西部发展的政策措施，2000年重庆市对外贸易迅速回暖，实现出口规模99522万美元，同比大幅增长102.94%，走出低迷状态。随着我国加入世界贸易组织和国家支持西部发展政策效果的日益显现，自2003年起，重庆市对外开放程度和经济外向度明显增强，对外贸易发展开始提速。2003—2008年，重庆出口贸易额由15.9亿美元增长到57.2亿美元，年均增长32.02%。对外贸易总额由25.9亿美元上升至95.2亿美元，年均增长32.67%。虽然受全球金融危机的影响，2009年重庆市出口额回落至42.8亿美元，但获批国家统筹城乡综合配套改革试验区、重庆市政府与国家商务部签署《共同建设内陆开放型经济合作备忘录》、加工贸易产业转移走进重庆等新一轮改革开放机遇，已为重庆开放新阶段的冲刺发展奠定了基石。

第三阶段(2010—2014)：承接转移，飞速增长。2010年以后，以重庆两路寸滩保税港区和西永综合保税区封关运行为起点，重庆拥有了可以与沿海开放地区齐头并进的发展平台，内陆开放型经济发展取得进一步突破。这一时期，重庆牢牢抓住产业梯度转移和全球电子信息产业重组的历史性机遇，将"加大开放力度，打造内陆开放高地"作为对外贸易发展的主题，利用原材料、劳动力、土地、政策等比较优势顺利承接加工贸易落地，形成了以惠普、宏基、华硕等品牌商为龙头的产业集群，全球最大的笔记本电脑生产基地渐趋成型。伴之而来的是重庆外贸迎来了前所未有的发展空间，贸易额呈现指数型上升态势，外贸规模迅速放大，进出口总额已接近千亿美元水平，达954.3亿美元，均创历史峰值。2010—2014年，出口总值由74.89亿美元攀升至634.09亿美元，年均增幅高达78.23%，较全国平均水平高65.93个百分点；对外贸易总额从124.26亿美元增长到954.50亿美元，年均增速高达69.3%。其中2013年重庆市进出口总值达687.04亿美元，相较于上年上涨29.1%，首次在西部12个省(直辖市、自治区)中位列第一；2014年重庆出口总额首次超过天津、北京和辽宁，第一次迈入全国前七的大门。

第四阶段(2015—2019)：出现下滑趋势，进入新常态。受到国内经济下行、全球经济不景气、国际需求疲软的影响，我国外贸整体进入新常态，重庆市外贸额也呈下滑走势。其中2015年重庆市出口额为551.89亿美元，同比减少12.96%，进出口总值为744.77亿美元，同比下降21.97%；2016年重庆市出口额为406.94亿元，较上年减少26.27%，进出口总值627.71亿美元，较2015年下降15.72%。对外贸易虽于2017年重回增长通道，出口额回升至425.99亿美元，但相较2014年仍有较大差距。此后对外贸易处于回温增长阶段，2017—2019年重庆市出口额增长到了537.99亿美元，年均增长10.00%，略高于全国出口总值增速。

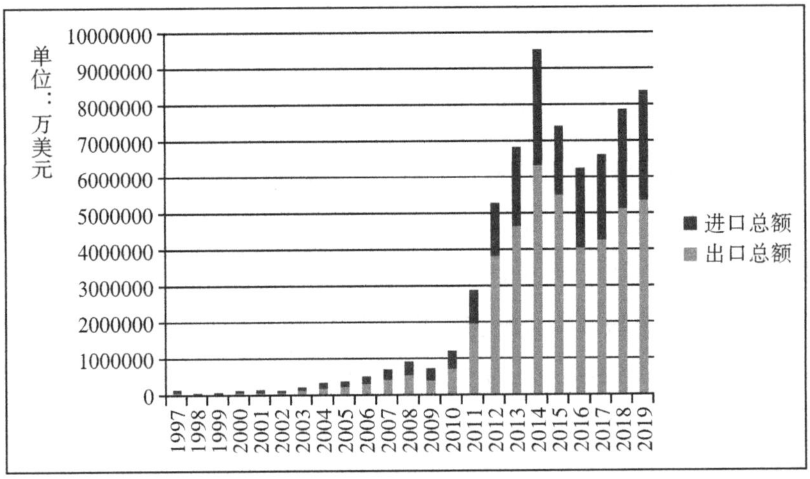

图 3-1　1997—2019 年重庆市进出口总额

数据来源：重庆市统计局

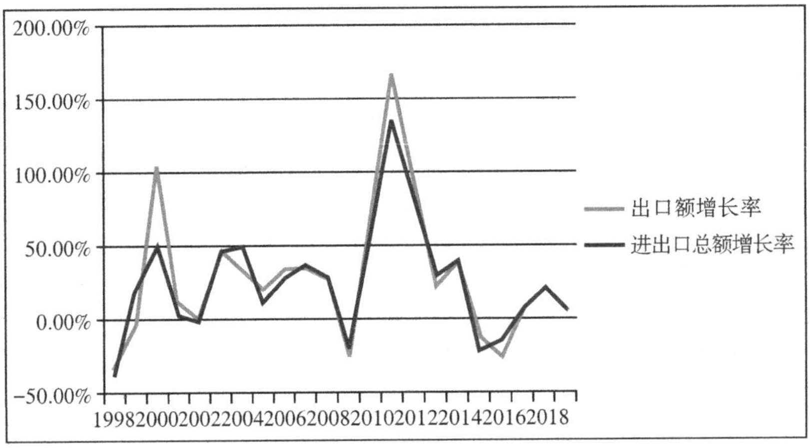

图 3-2　1998—2019 年重庆市出口额增长率

数据来源：重庆市统计局

3.1.2 出口依存度

出口依存度表示为一定时期内一国或地区出口额与GDP的比例，反映一国或地区海关统计的货物输出与国民经济发展的关系，是判断一国或地区对外开放程度和该国或地区对国际市场依赖程度高低的重要指标之一，一定程度上能体现一国或地区经济中对外贸易的地位，以及该国或地区加入国际分工、世界市场的广度和深度。

本书计算了重庆地区和全国1997—2019年的出口依存度。由图3-3可以看出，重庆作为一个内陆城市，长期以内向型经济为主导，1997—2009年的出口依存度大致呈平稳上升的状态，但远低于我国总体的出口依存度，对外贸易发展缓慢。但随着经济社会不断发展，以及直辖市、西部大开发、保税区、自贸区等政策的落地实施，重庆市开放型经济效应逐渐显现，2009—2014年对外贸易快速增长，贸易规模不断扩大，出口依存度快速提高，甚至在2013、2014年超过全国的出口依存度水平。2014年以来，受世界经济不景气的影响，国际市场规模收缩，重庆出口依存度出现一定程度回落后，基本略低于全国的出口依存度水平。

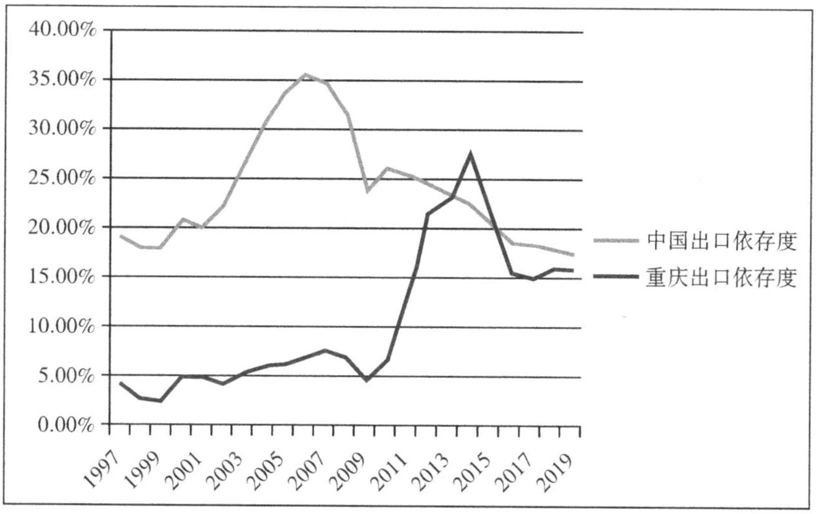

图 3-3　1997—2019年重庆出口依存度和中国出口依存度

数据来源：国家统计局

3.1.3 出口贸易结构

(1)出口产品结构

依据重庆统计年鉴的商品分类，2010—2019年重庆市对外贸易出口产品(图 3-4)主要有第16类机器、机械器具、电气设备及其零件、录音机及放声机、电视图像、声音的录制和重放设备及其零件、附件；第17类车辆、航空器、船舶及运输设备；第20类杂项制品；第15类贱金属及其制品；第6类化学工业及其相关工业。其中，机械制造类产品和电气设备是重庆市最为重要的外贸产品，其出口额占出口总额比重高且变化较大，占比从2010年的31.4%上升到2013年的61.0%后出现两年下跌，继而又由2015年的最低值24.3%飞速上升，2019年出口额为4293798万美元，占重庆市全部出口产品的比重高达79.8%。

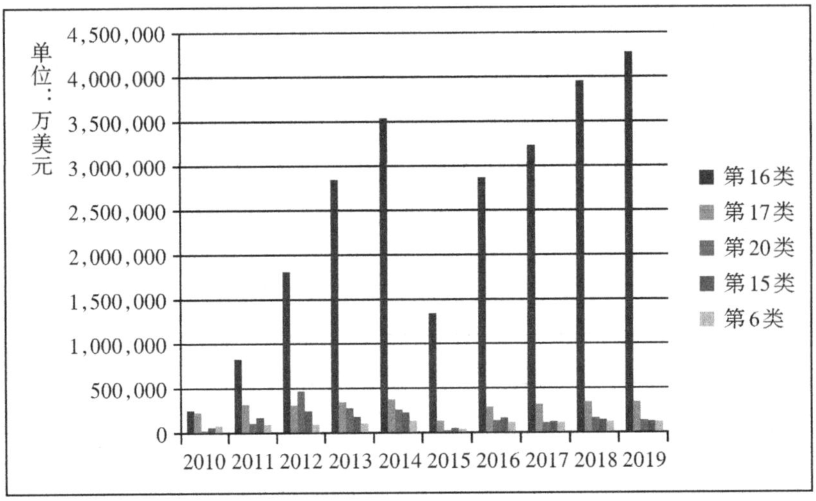

图 3-4　2010—2019年重庆市主要出口商品类别的出口额

数据来源：重庆市统计局

(2)出口方式结构

2010—2019年，重庆的一般贸易与加工贸易发生了显著性的变化趋势(图 3-5)。

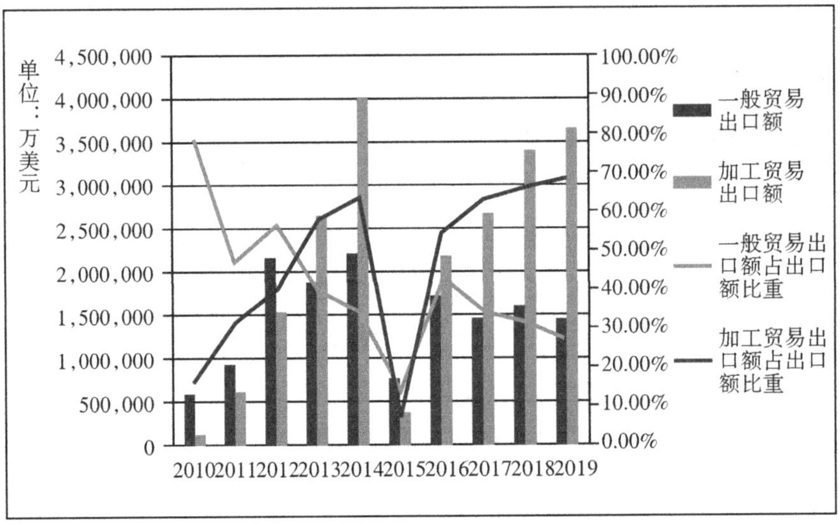

图3-5　2010—2019年重庆市一般贸易和加工贸易出口额及其占出口额的比重

数据来源：重庆市统计局

2010—2015年，一般贸易出口额占出口总额比重大幅下降，由78.3%下降到了13.9%；经历2016年的增长后又开始持续下降，2019年一般贸易出口额为1445329万美元，占出口总额的26.9%，比2010年下降了51.4%。

2010—2014年，重庆的加工贸易出口额保持超高速的发展。2010年重庆的加工贸易出口额较少，仅为120082万美元，只有同年一般贸易出口额的20.5%。2010—2012连续3

年都保持着成倍增长，2011年相比2010年增长了413.6%，年均增长率高达171.9%。随着加工贸易的超高速增长，其规模也迅速扩大，至2014年加工贸易出口额已达到了4033844万美元，是2010年的33.6倍，并在2013年和2014年连续2年超过一般贸易出口额；在2015年出现了大幅下降，增长率从2014年的51.3%下降至2015年的-90.7%，2015年的加工贸易规模仅为373411万美元；2015—2019年又重新恢复持续增长，2019年重庆市加工贸易出口值达到3670301万美元，占同期重庆市出口总值的68.2%，比重较2015年提升61.5个百分点。

由此可见，近年来加工贸易飞快增长，2012年以前重庆对外贸易方式主要是以一般贸易为主，2012年之后逐渐转变为以加工贸易发展方式为主，且加工贸易变化趋势与重庆对外贸易总额出口变化趋势相一致，说明对外贸易的高速发展主要得益于加工贸易的发展。同时加工贸易具有更大的波动性，对宏观经济发展冲击的反应更为敏感。

（3）出口市场结构

本节选取2010—2019年的重庆外贸出口市场进行分析。分地区来看，表3-1表示了重庆对各大洲的出口额以及其占出口总额的比重。亚洲国家所占比重虽然有所波动但一直稳居第一，占出口比重基本在30%~40%之间，2014年比重最高，达到47.2%。非洲国家和拉丁美洲国家所占比重有所下降，分别由8.2%、14.4%下降到了2.0%和6.3%。欧洲和北美洲国家所占份额略显提升，分别由21.1%、14.9%上升到了28.3%和26.7%。大洋洲国家所占份额较小，基本在1%~2%之间。由此可以得出，重庆外贸出口市场以亚洲国家为主，同时坚持多元化发展，对北美洲国家的出口有较大增加，但大洋洲、非洲、拉丁美洲地区份额较小，未受到足够的重视。分国家或地区来看，表3-2表明2010年重庆市出口贸易伙伴主要是美国、日本、德国、荷兰、印度等国，2019年主要是美国、德国、韩国、中国香港、荷兰等国家或地区。

表3-1 2010—2019年重庆市各大洲出口额及其占出口总额的比重

单位：万美元

年份	亚洲	非洲	欧洲	拉丁美洲	北美洲	大洋洲
2010	302106	61487	158348	107695	111804	7435
	40.3%	8.2%	21.1%	14.4%	14.9%	1.0%
2011	674784	185073	489779	244746	359064	30367
	34.0%	9.3%	24.7%	12.3%	18.1%	1.5%
2012	1177517	293552	1058975	373339	869680	83979
	30.5%	7.6%	27.5%	9.7%	22.5%	2.2%

续表

年份	亚洲	非洲	欧洲	拉丁美洲	北美洲	大洋洲
2013	1863742	197697	1259182	305105	970426	83597
	39.8%	4.2%	26.9%	6.5%	20.7%	1.8%
2014	2995187	230724	1419629	301287	1280456	113651
	47.2%	3.6%	22.4%	4.8%	20.2%	1.8%
2015	2264505	350974	1173344	315101	1298691	116379
	41.0%	6.4%	21.3%	5.7%	23.5%	2.1%
2016	1547753	154760	976360	272039	1031295	87208
	38.0%	3.8%	24.0%	6.7%	25.3%	2.1%
2017	1403067	107244	1120955	314315	1219628	94690
	32.9%	2.5%	26.3%	7.4%	28.6%	2.2%
2018	1617796	96661	1351692	348033	1604707	118821
	31.5%	1.9%	26.3%	6.8%	31.2%	2.3%
2019	1853921	109822	1521868	338976	1435858	119447
	34.5%	2.0%	28.3%	6.3%	26.7%	2.2%

数据来源:重庆统计局

表3-2　2010—2019年重庆出口贸易额排名前十五位的国家或地区

	2010	2011	2012	2013	2014	2015	2016	2017	2018	2019
1	美国	美国	美国	美国	中国香港	美国	美国	美国	美国	美国
2	日本	荷兰	德国	中国香港	美国	德国	德国	德国	德国	德国
3	德国	法国	荷兰	德国	德国	中国香港	中国香港	韩国	韩国	韩国
4	荷兰	德国	马来西亚	荷兰	荷兰	韩国	韩国	中国香港	中国香港	中国香港
5	印度	印度	法国	印度	阿联酋	马来西亚	荷兰	日本	荷兰	荷兰
6	中国香港	伊朗	印度尼西亚	阿联酋	日本	新加坡	新加坡	荷兰	印度	日本
7	缅甸	墨西哥	英国	马来西亚	马来西亚	印度	日本	马来西亚	日本	印度
8	阿根廷	日本	印度	印度尼西亚	印度	荷兰	印度	印度	墨西哥	英国
9	越南	巴西	中国香港	新加坡	印度尼西亚	印度尼西亚	墨西哥	墨西哥	澳大利亚	墨西哥
10	伊朗	阿根廷	新加坡	墨西哥	新加坡	阿联酋	澳大利亚	新加坡	新加坡	马来西亚
11	韩国	马来西亚	阿联酋	英国	越南	日本	阿联酋	中国台湾	加拿大	中国台湾

续表

	2010	2011	2012	2013	2014	2015	2016	2017	2018	2019
12	巴基斯坦	俄罗斯	墨西哥	澳大利亚	韩国	英国	马来西亚	澳大利亚	马来西亚	澳大利亚
13	巴西	新加坡	巴西	俄罗斯	俄罗斯	越南	英国	印度尼西亚	英国	印度尼西亚
14	墨西哥	越南	澳大利亚	日本	英国	澳大利亚	俄罗斯	阿联酋	印度尼西亚	新加坡
15	意大利	巴基斯坦	加拿大	泰国	墨西哥	墨西哥	越南	法国	中国台湾	加拿大

数据来源:重庆统计局

3.2 重庆市出口贸易发展面临的问题

3.2.1 出口贸易增长趋于缓慢

从出口额和对外贸易差额上看,近年来重庆市对外贸易都表现出下降趋势,二者在2014—2019年分别降低30.7和24.7个百分点,2016—2019年有缓慢上升趋势。从出口依存度来看,1997年至今,重庆市出口依存度长期低于全国出口依存度,仅有2014、2015两年超过全国的出口依存度,最大差值高达28.53%,可见其出口对经济拉动作用有限。同时,重庆市对外贸易在全国的地位也有所降低,2019年重庆出口总额占全国比重为2.15%,比2014年下降了0.55个百分点。这些数据表明,虽然重庆市对外贸易发展水平在西部地区位居前列,但是近年来出口贸易增长趋于缓慢,贸易地位有所降低。

3.2.2 出口贸易方式不平衡

近年来,重庆一般贸易发展持续放缓,对重庆对外贸易的发展产生了一定的影响。通常来说,与加工贸易相比,一般贸易的发展潜力巨大。加工贸易较易受生产要素成本、全球经济景气状况等因素的影响,从发展的稳定性来看,一般贸易通常较加工贸易稳定。因此,推动一般贸易持续稳定发展对于重庆对外贸易保持稳定发展具有重要意义。

加工贸易发展快速,且得益于进料加工贸易,重庆市很多大型外贸企业均从事加工贸易。但生产劳动密集型和低质量资本密集型产品只是中低端技术含量加工贸易,真正留给本地的利润较少。另一方面,由于加工贸易企业对核心技术封锁,重庆市本地生产企业的技术效率提升缓慢,相关资本产品尚未具备国际竞争力,具有本地特色的高科技企业实力较弱,难以扩大出口规模、有效提升产品层次的国际竞争力,影响重庆市出口贸易的发展。

3.2.3 出口抗风险能力差

出口商品品种单一和出口市场过于集中将会导致出口风险。重庆主要出口商品品种单一，出口的大宗商品主要集中在机电产品、医药品、摩托车、汽车整车及零部件，其中机电产品占出口总值的比重将近八成。农产品出口仍然以初加工产品为主，高新技术产品出口比重虽有提高，但总量仍很少。这说明重庆出口商品品种过于单一，出口主要依赖少数大宗商品。当国际市场上此类商品需求下跌时，极易产生出口风险，甚至使经济发展受到威胁。

同时，重庆市对美国、欧盟传统市场出口份额不断提升，对非洲、大洋洲等新兴市场拓展力度不足。排在前十的主要出口贸易伙伴多数为亚洲国家和少数欧美国家，第一位的基本都是美国，出口市场比较集中。随着美国贸易保护主义抬头，中美贸易争端加剧，我国对美国贸易不确定风险增大，重庆在国际贸易市场多元化发展步伐缓慢的不足逐渐显露。这种出口市场过于集中的状况也会增加出口的风险。

4 重庆市贸易便利化发展分析

当前重庆坚持稳中求进工作总基调，深入贯彻新发展理念，落实高质量发展要求，深化供给侧结构性改革，经济呈现出稳定向前发展的良好状态。重庆取得这样的成果得益于许多方面的努力，其中包含着在推进贸易便利化方面做出的工作，比如全面落实习近平总书记对重庆提出的“两点”定位、“两地”“两高”目标、发挥“三个作用”和营造良好政治生态的重要指示要求，在提升投资贸易便利化水平方面推行集成化平台建设、标准化制度完善、融合化业务拓展，推行国家标准版“单一窗口”申报，实现制造业智能化改造等。无论是交通物流运输，还是口岸通关效率、信息技术运用或行政透明，这些都与贸易便利化紧密相关。

故本章在分析重庆市贸易便利化水平时，参考Wilson、Mann and Otsuki(2003)建立的指标体系，以基础设施、海关环境、信息技术和制度环境为贸易便利化的代理变量，首先从国内各省市的比较中分析重庆市的贸易便利化发展概况；其次构建了包括以上4个一级指标和17个二级指标的测评体系，测算重庆市和其他贸易伙伴国的贸易便利化指数，并进行国际比较，为后文的实证研究提供数据基础。

4.1 重庆市贸易便利化发展概况

4.1.1 重庆市贸易便利化发展现状

在借鉴已有成果和考虑到数据可得性的基础上，本节主要从基础设施中的交通基础设施、海关环境的具体举措、信息技术中的电子商务和金融科技，以及制度环境中的政府透明度等方面着重分析重庆市的贸易便利化发展。

(1)交通基础设施

交通基础设施反映的是贸易所必需的运输条件和能力。一个地区的基础设施越完善，其运输服务效率就越高，这是贸易便利化的重要体现，故就这一方面的分析的篇幅较大。提升运输物流服务的关键在于大力发展交通运输业、提升交通运输企业的经营效率。只有在交通运输和物流服务上具有优势，才能促进和扩大贸易的发展。重庆是西部唯一的直辖市，经过多年的交通建设，已初步建立起公路、铁路、水路、空运和管道运输五位一体的立体化运输体系，交通网络枢纽正在形成，这为重庆物流多式联运的发展提供了强有力的基础设施保障。但基于数据的可得性，本书关于重庆交通基础设施现状的分析主要从公路、铁路、水运和航空设施质量四个方面展开。

1)公路运输

公路运输与其他运输方式相比，具有服务地点灵活性高、时间便利、运输条件相对宽松的特点，因而目前在货物运送方面在多种运输方式之中的占比较大。本书在研究重庆市公路基础设施质量时，主要从公路货运量和城市道路网密度两个角度展开。

首先，公路货运量可以反映货物通过公路运输的情况。关于重庆市2010—2019年公路货运量的具体数据来源于中国统计局，具体见图4-1。虽然该数据在2012年有下降，但大体呈现直观的上升趋势，并且公路运输与铁路、水运相比，就货运量而言也是最大的一种运输方式，这表明目前重庆在交通物流方面的主要力量还是公路运输。

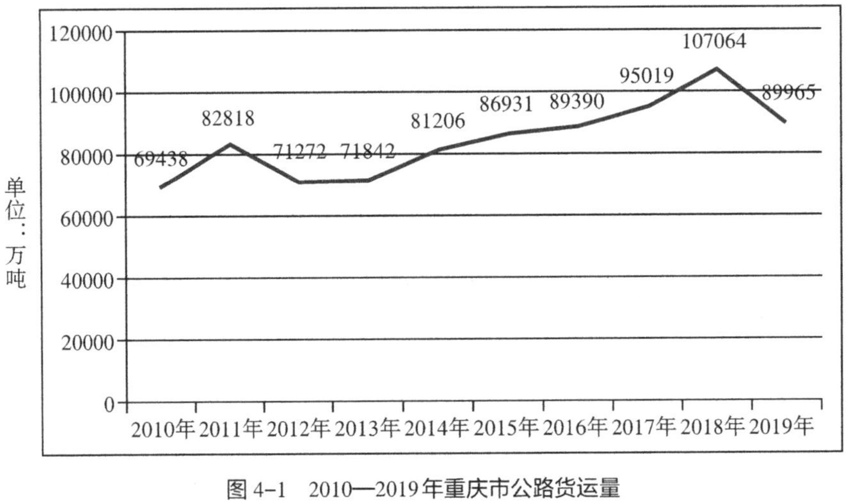

图4-1　2010—2019年重庆市公路货运量

数据来源：国家统计局

在城市道路网密度方面，本书选取的数据来源于2020年度《中国主要城市道路网密度监测报告》，该报告以全国36个主要城市作为监测对象，其中直辖市4个、计划单列市5个、省会城市27个。此处以西部地区为比较范围，除重庆是直辖市以外，还有中国西部地区其余11个省和自治区的省会城市，数据结果整理如图4-2：

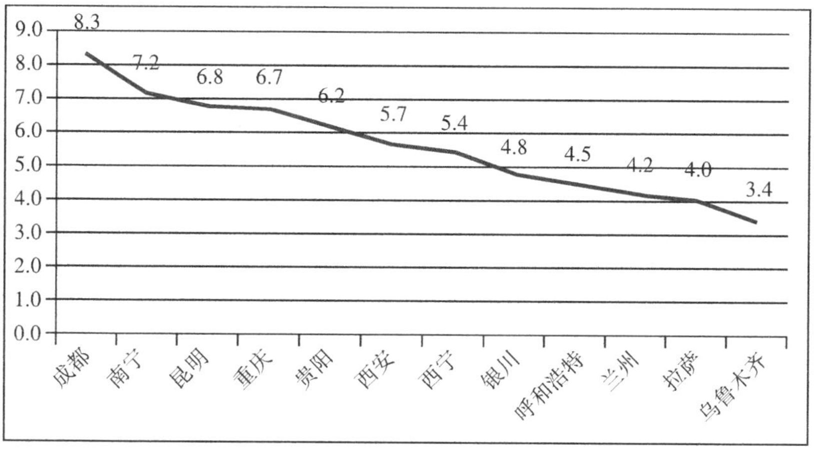

图4-2　2019年中国西部主要城市道路网密度（公里/平方公里）

数据来源：《中国主要城市道路网密度监测报告》

图4-2显示，截至2019年底，重庆道路网密度在我国西部地区主要城市中位列第四，在西部地区位居前列。通常情况下，城市规模越大，道路网密度水平越高，建成区人口聚集度相对越高，城市基础设施的建设也就相对更完善，规模经济又可以促进城市经济以及贸易的发展。除此之外，重庆公路物流基地东邻渝湘高速，西靠渝黔高速，北接内环高速，南接绕城高速，通过便捷的公路网络可在半个小时内到达主城任一区，这些事实也可以体现出重庆公路设施比较便利。

2）铁路运输

从铁路方面来看，重庆是多条铁路干线的综合交通网，南北干线和东西干线大多要经过重庆市，具有良好的交通基础。在"一带一路"倡议的影响下，重庆市铁路物流发展布局不再局限于中国西部内陆地理条件的限制，在对外贸易方面大力发展铁路物流的建设。目前重庆国际大通道主要包括"渝新欧""渝满俄"和"渝桂新"三条，这些线路运行费用比航空节省、运到时限比海运短、安全性高、通关便捷，因而可以增加重庆出口商品在国外市场的产品竞争力。

重庆铁路物流创新发展方式顺应了我国产业转型和跨国投资的新需要，自其开通以来，成功吸引了全球大型运输公司马士基、大型物流基础设施供应商美国普洛斯公司等来到重庆布局产业，巨大的经济效益还引得其他内陆城市纷纷效仿。多条国际铁路干线的开通使重庆成为中国与欧洲之间贸易的物流中心，使西部地区的货物可以直接通过火车运到欧洲以及东南亚市场而无需绕道采用海运运输方式，改写了中国西部地区的外贸企业出口的货运方式，也促进了重庆经济的快速发展，其市场空间得以扩大和延伸。

不过，国家统计局数据显示（图 4-3），重庆市铁路运输相对于公路运输而言，货运量还远远落后于后者。这不仅与重庆本身错综复杂的地形有关，也与铁路建设还处于不断发展中有关。不过，尽管当前数据不够理想，随着重庆铁路自身不断完善和发展以及国家战略的支持，未来通过铁路运输的货运量一定会增长。

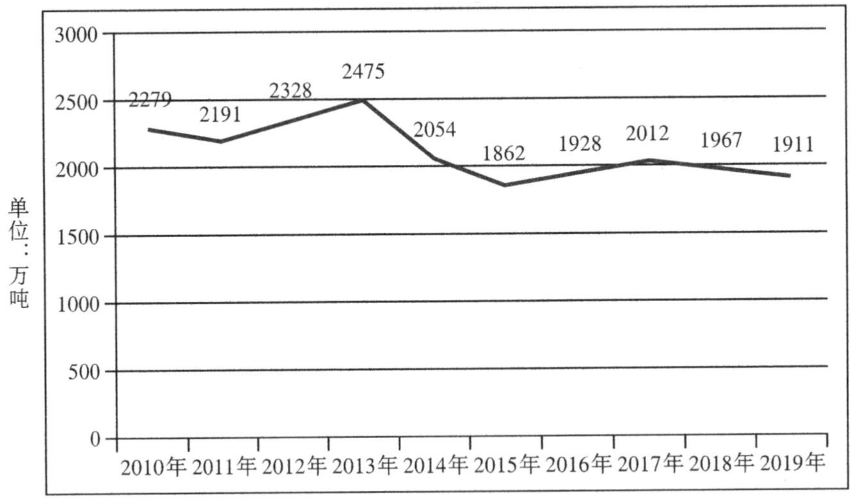

图4-3 2010—2019年重庆市铁路货运量

数据来源：国家统计局

3）水路运输

重庆地处中西部地区的结合部，与西部其他城市比较而言，最得天独厚的区位优势就是交通便捷的黄金水道，作为国家一级口岸，长期扮演着西部主要交通枢纽的重要角色。重庆港是国内主要的内河港口，水路可直达长江8省2市，也是长江上游最大的内河主枢纽港。在西部地区中，这样的地理位置为重庆水运发展自身就带来了贸易便利化。

在国家“一带一路”倡议的实施影响下，重庆水运贸易也在扩大发展。由图 4-4 可知，重庆水运货运量目前呈现稳定上升趋势。2019年，重庆水运货运量已达21094万吨，相较2018年增长了约8.4%，且其占全国水运货运量的2.8%。这个比例对于一个直辖市而言还是较大的。由此可见，重庆在水运方面目前发展良好，相应的便利化水平较高。

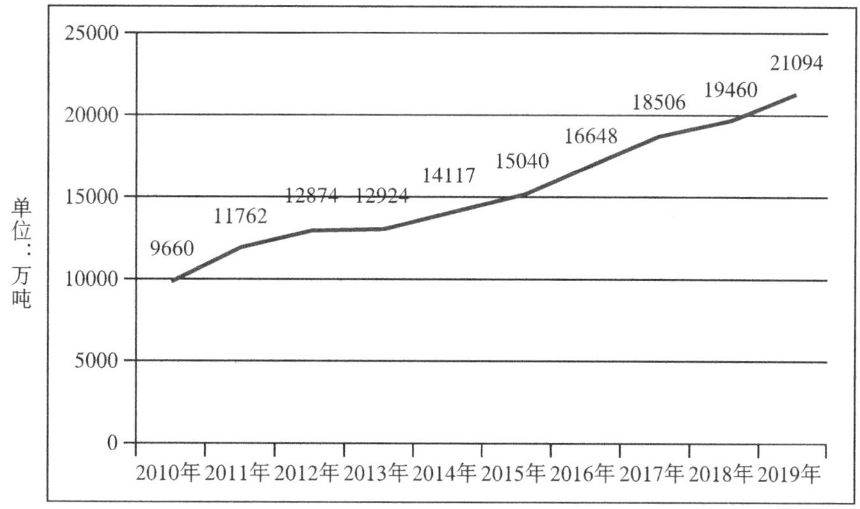

图4-4 2010—2019年重庆市水运货运量

数据来源：国家统计局

4)航空运输

据来自中国民用航空局《2019年民航机场生产统计公报》统计数据显示，2019年各机场中，年货邮吞吐量10000吨以上的机场有59个，较上年净增6个；年货邮吞吐量10000吨以下的机场有180个，较上年净减少2个。本书列出前15名的数据(见表4-1)，重庆江北机场在2019年完成的货邮吞吐量为410928.63吨，与上年相比增长7.5%，在该公报统计的239个机场中排名第9。除此之外，重庆江北国际机场运输生产快速增长，航线网络日趋完善，机场通达性大幅提升。2019年，江北国际机场累计开通国内外航线338条，其中国际(地区)95条，与世界互联互通的空中桥梁越发宽广。由此我们可以看到重庆机场正在致力于将其打造为大型复合型航空枢纽，在对外贸易便利化方面具有一定的优势。再加上中国民用航空发展第十三个五年规划提出，重庆等机场可按照适度超前原则加快实施改扩建工程，这些对于重庆机场快速发展具有十分重要的意义。

表4-1 2019年中国民航机场货邮吞吐量前15排名 单位：吨

排名	机场	本期完成	上年同期	同比增速(%)
1	北京/首都	1,955,285.99	2,074,005.41	-5.7
2	上海/浦东	3,634,230.38	3,768,572.64	-3.6
3	广州/白云	1,919,926.91	1,890,560.00	1.6
4	成都/双流	671,903.86	665,128.42	1.0
5	深圳/宝安	1,283,385.61	1,218,502.18	5.3
6	昆明/长水	415,776.26	428,292.12	-2.9

续表

排名	机场	本期完成	上年同期	同比增速(%)
7	西安/咸阳	381,869.59	312,637.10	22.1
8	上海/虹桥	423,614.75	407,154.63	4.0
9	重庆/江北	410,928.63	382,160.78	7.5
10	杭州/萧山	690,275.89	640,896.04	7.7
11	南京/禄口	374,633.51	365,054.41	2.6
12	郑州/新郑	522,021.05	514,922.35	1.4
13	厦门/高崎	330,511.57	345,529.15	-4.3
14	武汉/天河	243,193.39	221,576.27	9.8
15	长沙/黄花	175,724.53	155,513.06	13.0

数据来源:中国民用航空局《2019年民航机场生产统计公报》

(2)海关环境

据来自《中国贸易便利化年度报告(2020)》的数据指出,2019年中国整体贸易便利化指数总分为76.93,相比2017年继续提高,而海关预裁定制度的实施、关检融合,以及国际贸易“单一窗口”标准版的建设与推广,是近两年来推动中国贸易便利化水平上升的重要因素。由此可见,海关对于促进贸易便利化起着至关重要的作用。鉴于可获得的涉及海关环境便利化方面的数据较少,故关于海关环境本书更侧重于分析重庆海关为促进贸易便利化而推行的政策以及取得的系列效果。此处列出了2018年重庆海关为促进贸易便利化、优化口岸营商环境发布的16项举措,具体如表4-2所示。

表4-2　16项促进贸易便利化、优化口岸营商环境的举措

序号	措施
1	大力推广“一体化”通关
2	精简进出口环节监管证件
3	推进跨部门联合检查作业
4	加大非侵入式查验比例
5	持续压缩口岸整体通关时间
6	实现7×24小时通关常态化
7	推动货物进出口“提前申报”
8	实施货物“先放后税”税收征管模式
9	推广货物“先放后检”检验监管模式

续表

序号	措施
10	实施生鲜蔬果产品“即到即放”作业
11	扩大税费电子支付适用范围
12	实行企业年报“多报合一”
13	实施“两仓”信息化监管
14	支持口岸监管区“场外场”建设
15	支持重庆进口商品分销体系建设
16	支持重庆智慧口岸建设

数据来源:中华人民共和国重庆海关

这16项举措的具体实施对于促进重庆海关贸易便利化建设作用是很明显的,比如大力推广“一体化”通关,这意味着有关进出口货物的海关审批手续和通关环节将会在重庆市内普遍大幅减少,整个重庆海关方面的交易成本得到普遍降低;再如精简进出口环节监管证件这一举措,将需在进出口环节验核的监管证件由86种减少至48种,这有助于减少审查检验的时间,提高监管方面的工作效率;还有就是推动货物进出口“提前申报”,与以往传统的“货物到港,申报进口”模式相比,新模式下是海关的通关作业前置,企业在备货、运输阶段就可完成相关准备和申报手续,使得货物到港即可办理查验或放行,从而减少了货物的滞港时间,大幅缩短了货物的整体通关时间,相应地减少企业通关成本,有利于贸易便利;关于实施生鲜蔬果产品“即到即放”作业这一举措,因这类农副产品受到的时效性限制较强,开通相关产品检测的绿色通道有利于保护相关经营主体的经济利益、提高对潜在经营主体的市场吸引力,也有利于当地市民购买到更多优质的产品。

在继续推动落实以上优化口岸营商环境促进跨境贸易便利化十六项工作举措的基础上,重庆海关在2019年底再次制定了进一步推广“提前申报”模式、推行报关单“日清”机制、开展“两段准入”改革试点、简化(China Compulsoay Certificotion)产品监管手续、建立检验检疫查验绿色通道、继续推动简化随附单证、推动进出口货物查验指令等的双向交互试点、落实“证照分离”改革全覆盖等9项具体措施,进一步提升重庆跨境贸易便利化水平。据重庆海关以及市政府等部门的统计,2017年重庆口岸进口、出口整体通关时间分别为239小时、15.12小时,所需时间较长。经过多部门的努力之后,2019年重庆进出口整体通关时间较2017年分别压缩67.96%、95.56%。这带来的是重庆口岸通关效率的整体大幅提升,有利于降低相关企业的贸易成本,有利于促进重庆海关贸易便利化建设。

由以上可知,目前重庆海关正在积极推进贸易便利化建设方面的工作,且已经取得较显著的成效。

(3)信息技术

互联网技术是信息时代最伟大的技术,在新的知识经济形态中处于核心地位,极大地改变了人类的行为方式、思维方式、交流方式和贸易方式。而互联网技术最具有革命性的意义并不在于它本身,而在于它的广泛应用及其与经济领域中传统产业的相互作用。电子商务是一种建立在信息网络化基础之上的经济活动,有效降低了经济活动成本,提高了劳动生产率,缩小了经济贸易活动中的时空差距。而大数据、云计算、区块链、人工智能等核心技术与金融的结合,也引领了金融行业的一次深刻创新革命,在数据分析、风险管理和用户服务等各方面让金融落到实处,服务好实体经济,回归行业本质。因此,本节主要从电子商务和金融科技两方面分析重庆市在信息技术上的贸易便利化发展。

1)电子商务

据国家统计局的数据显示,2018年中国电子商务迅猛发展,网上零售额达90065亿元,同比增长23.9%,这意味着电子商务经济已经成为拉动消费需求、发展现代服务业的重要引擎。电子商务的好处主要体现在可以减少卖方的摊位费、进场费等交易成本,突破地理位置的限制,有助于拓宽市场范围、实现供应链的优化以降低商品损耗率等。随着电子商务对于贸易的促进作用日益明显,全国各地都普遍将其作为发展重点。

重庆经济发展、城市建设也离不开电子商务的运用,本书在此简要分析了重庆电子商务的发展现状,采用的数据来自《中国电子商务发展指数报告(2018)》。报告的对象是中国内地31个省级行政区域,其从规模指数、成长指数、渗透指数和支撑指数四个角度构建了电子商务发展指数综合指标,具体如表4-3。该综合指标得分越高,反映出电子商务在该地区综合发展水平越高、贸易便利化程度越高。

表4-3 2018年中国内地各省级行政区域电子商务发展指数排名

排名	地区	电子商务发展指数	规模指数	成长指数	渗透指数	支撑指数
1	广东	65.6	100	24.65	52.17	69.99
2	浙江	52.62	61.62	11.94	87.29	53.04
3	北京	45.84	58.22	21.56	38.54	61.82
4	上海	38.87	50.28	20.22	36.7	44.39
5	江苏	33.05	48.36	14.71	34.35	27.86
6	山东	32.85	46.28	35.58	19.01	18.41
7	福建	31.44	24.29	33.48	42.82	30.01
8	四川	29.86	24.4	63.3	11.56	15.91
9	安徽	27.83	21.91	59.21	15.8	11.02

续表

排名	地区	电子商务发展指数	规模指数	成长指数	渗透指数	支撑指数
10	陕西	25.73	11.25	68.38	10.02	13.46
11	湖南	25.66	15.9	63.38	12.17	8.34
12	河南	25.22	19.95	52.83	10.82	14.34
13	重庆	24.67	14.38	64.18	9.68	8.31
14	湖北	24.64	20.25	46.76	13.08	16.21
15	江西	23.62	11.28	61.54	13.28	8.15
16	河北	22.24	14.61	44.43	15.35	14.75
17	天津	20.26	9.75	44.45	10.78	17.9
18	西藏	19.81	0	66.01	12.79	3.74
19	宁夏	19.47	1.06	68.29	5.19	4.99
20	吉林	19.33	3.4	68.15	2.2	10.82
21	海南	18.59	2.37	51.26	16.39	8.35
22	山西	18.48	4.66	57.67	3.03	9.13
23	贵州	18.46	7.25	51.29	10.65	4.85
24	云南	18.31	7.38	54.7	7.73	2.52
25	青海	18.08	0.42	60.66	6.91	6.92
26	辽宁	17.22	8.64	40.51	1.8	18.54
27	内蒙古	17.02	4.8	49.95	6.02	8.23
28	黑龙江	16.72	3.05	53.4	1.68	9.83
29	广西	16.26	6.67	46.06	6.66	5.38
30	新疆	15.17	2.54	52.21	0.85	5.29
31	甘肃	12.85	3.02	39.92	6.53	2.53

数据来源:《中国电子商务发展指数报告(2018)》

从表4-3可知,2018年重庆市电子商务发展指数为24.67,而全国的平均值为25.67,二者数值差距很小。另外,重庆在全国范围内排名第13,已达到了中等水平。

具体而言,重庆在成长指数方面表现最好,成长指数反映的是当前各省级行政区关于电子商务发展的成长水平、其未来的增长态势等。重庆的分数为64.18,远远超过了全国平均值,排名第4,说明其具有较高的市场潜力。这意味着重庆电子商务贸易正在快速前进,经济形式的利好必然会引来更多的外来投资、促进产业升级、发展基础设施等,使其贸易便利化水平提高。然而,就实际的电子商务发展环境而言,重庆的支撑指数在全国排名靠后,该指数反映的是与电子商务发展相关的保障能力,是支持电子商务发展的网络环境、基础资源、信息化水平等。重庆排名较后意味着重庆现有的电子商务发展支持环境较薄弱,有助于促进电子商务贸易便利化的基础资源不够丰富,贸易便利化的实际水平还不够高。

除此之外,重庆在规模指数方面排名第14,表现一般。规模指数反映的是当前电子商务市场自身的发展水平以及市场规模,相较于国内规模指数前5的省份,目前重庆在这方面还需努力。最后,重庆在渗透指数方面排名第20,相较上年的排名下降了3个位次。渗透指数反映的则是电子商务对经济活动的影响程度,其在工业、农业、服务业以及社会服务领域的渗透程度。由此可以看出,重庆电子商务对经济发展的影响和促进作用还有较大提升空间。

简言之,通过以上分析可以得知重庆在电子商务发展方面整体水平在全国属于中坚力量,然而现有的促进贸易便利化的基础环境不够完善,电子商务还存在较大发展空间。

2)金融科技

在数字经济时代,随着互联网支付、移动支付的普及,金融科技对普惠金融的发展起到了有力的推动作用,进而促进了经济发展,是反映贸易便利化的一个重要方面。本书在分析重庆金融科技环境时,选取的数据来源于西南财经大学中国微金融与互联网金融创新研究中心、四川省金融科技学会、四川天府新区成都管委会三方联合发布的报告《2019天府·中国金融科技指数》,该报告综合反映了2019年国内金融科技行业总体发展情况。该报告利用行业基础环境、科学技术资源、金融科技市场3个一级指标和134个具体指标分别评估了我国31个省级行政区的发展水平,具体见表4-4。

表4-4　2019年中国内地各省级行政区域金融科技指数排名

排名	地区	总指数	行业基础环境分指数	科学技术资源分指数	金融科技市场分指数
1	北京	62.1	76.47	67.6	32.71
2	广东	54.12	51.89	50.87	62.56
3	江苏	45	43.49	46.17	45.26
4	上海	44.02	52.86	43.55	32.2
5	浙江	36.7	37.44	35.07	38.29
6	四川	35.84	33.53	34.3	41.64
7	湖北	31.45	26.55	36.97	29.44
8	山东	30.61	26.91	22.43	49.16

续表

排名	地区	总指数	行业基础环境分指数	科学技术资源分指数	金融科技市场分指数
9	湖南	30.37	31.73	31.05	27.33
10	安徽	27	26.92	25.58	29.43
11	福建	24.98	30.3	16.11	31.86
12	重庆	24.97	23.29	26.41	25
13	天津	24.71	35.56	18.94	18.67
14	吉林	24.16	21.09	28.57	21.35
15	陕西	24.14	23.38	25.58	22.89
16	辽宁	23.52	23.54	22.58	25.03
17	河南	22.89	16.9	21.39	33.87
18	黑龙江	21.58	21.01	20.12	24.75
19	河北	20.43	19.24	14.95	31.02
20	江西	19.38	22.35	15.79	20.99
21	贵州	18.19	19.4	13.72	23.75
22	云南	17.96	16.11	14.49	26.23
23	内蒙古	17.38	19.93	10.75	24.52
24	山西	16.08	16.79	11.93	21.82
25	海南	15.47	13.54	11.66	24.42
26	广西	14.96	12.87	11.36	23.81
27	甘肃	14.14	11.88	12.18	20.54
28	青海	13.36	18.31	8.95	13.49
29	宁夏	12.6	18.77	6.25	14.16
30	新疆	12.02	12.37	8.65	17.02
31	西藏	10.53	11.05	7.54	15.07

数据来源:《2019天府·中国金融科技指数》

由表4-4可知,2019年重庆金融指数综合排名为全国第12,在金融科技方面整体情况发展水平靠前,属于中间梯队,但评分均不高,且与其他排名前列的地区相比分数差距较大。排名前11的省份分别为北京、广东、江苏、上海、浙江、四川、湖北、山东、湖南、安徽和福建。具体而言,关于行业基础环境和金融科技市场,重庆得分均略低于全国各省的平均分数,属于国内中等水平,说明重庆金融科技在人力资源、资金支持、政府政策等方面的行业基础上较为薄弱，在金融科技市场的现有规模、风险把控、用户体验等方面存在短板。关于科学技术资源，重庆在该细分项下得分高于全国平均水平，排名第10，说明重庆较好地利用了大数据、人工智能、区块链、物联网等发展迅猛的科学技术。就目前的现状而言，重庆在发展金融科技方面已取得一定的成效，金融便利化水平居中，但是还有提升空间。

（4）政府透明度

政府透明度对于贸易是否便利具有重要的影响。政府透明度高，反映出政府的公信度比较高，相关法规和制度比较透明、寻租空间小；有利于减少政府机构各个环节的腐败因素、提高政府办事效率，进而营造出公平竞争的贸易环境，吸引投资和贸易，同时促进管理和服务效率的提高、促进贸易便利化水平的提升。本书此处选取的数据来自《中国法治发展报告（2020）》，该报告中在衡量中国政府透明度时选取了内地31家省级政府，按照决策公开透明度情况占35%、管理服务公开占20%、执行和结果公开占25%、政务公开平台建设占20%的比例构建了综合得分指数，满分为100分，具体情况见表4-5。

表4-5　2019年中国内地各省级行政区域政府透明度排名

排名	省级政府	综合得分	决策公开	管理服务公开	执行和结果公开	政务公开平台建设
1	北京	80.45	78.2	71	75.5	100
2	上海	80.03	76.8	72	75	100
3	广东	77.26	80.6	55	72.2	100
4	贵州	73.41	63.6	92	51	100
5	四川	70.83	62.5	66	67	95
6	山东	70.66	60.5	57.4	72	100
7	安徽	70.55	60	70	70.2	90
8	江苏	70.4	63.2	82	63.5	80
9	宁夏	70.38	65	69	62.5	91
10	天津	70.33	50.8	74	75	95
11	海南	70	63.2	61	62.7	100
12	河南	69.59	68.4	57	57	100
13	河北	68.15	52	66	67	100
14	江西	68.12	40.8	90.8	62.7	100
15	湖北	68	45	75	69	100
16	浙江	67.38	43.8	69	76.2	96
17	湖南	64.93	56	41	76.5	90

续表

排名	省级政府	综合得分	决策公开	管理服务公开	执行和结果公开	政务公开平台建设
18	广西	64.55	57.2	57	56.5	95
19	云南	63.79	43.4	69	63.2	95
20	陕西	63.74	44.4	66	64	95
21	甘肃	62.97	43.2	70	59.4	95
22	青海	62.27	56.6	34.4	62.3	100
23	吉林	62.04	43.4	58	64.2	96
24	福建	61.96	60.8	49	46.7	96
25	辽宁	59.83	56.8	45	70.2	67
26	内蒙古	59.47	45.2	66	49	91
27	重庆	58.33	42	57	56.9	90
28	黑龙江	57.15	52.2	41	50.7	90
29	山西	56.52	40.2	45	57	96
30	新疆	53.32	35.4	49	52.5	90
31	西藏	38.42	4.2	61	46.2	66

数据来源:《中国法治发展报告No.18(2020)》

从表4-5可以看出,在2019年全国政府透明度比较方面,重庆排名第27,其综合得分为58.33,未达到全国各地政府透明度的平均综合得分65.64,水平较为落后。另外,就各项细分指标得分情况来看,重庆在管理服务公开上超过了全国平均得分。但是为了夯实公开基础,重庆政府目前做了不少努力,比如上线了“渝快办”移动政府服务平台,有500多项便民服务,是全国省级服务渠道最广、效能监管最严的移动政务服务平台之一;为强化有关重大项目建设批准和实施、公共资源配置、社会公益事业三大领域的信息公开,重庆政府在围绕国家统一部署的前提下,印发多个文件用以落实相关推进工作;2018年全市发布政策解读信息10000多篇、参加或举办新闻发布会近1000次,开展在线访谈400余次,在政策解读和回应关切方面做出了努力。除此之外,2018年重庆的财政透明度在全国也居于中等水平。这些意味着重庆政府对重要政策解读比较及时,在地区政务公开工作方面积极,不过政府机构关于财政透明方面还有提高空间。

4.1.2 重庆贸易便利化发展存在的问题

由前文可知,重庆在推动贸易便利化建设过程中做了许多工作,也取得了一定的成效。比如在交通运输方面,重庆通过中新互联互通项目“陆海新通道”形成铁海联运、跨境公路运输、国际铁路联运三种方式,“渝黔桂新”铁海联运班列常态化运行,中欧班列(重庆)2019年开行超过1500班,物流运输能力得到提升;电子商务方面,重庆市不断建设贫困村电商服务站点以推进农村电商发展;为促进跨境贸易便利化,先后由重庆市人民政府发布促进跨境贸易便利化19条措施和重庆市海关发布16项相关举措,这些办法在降低口岸综合物流成本、提高通关效率、完善口岸配套服务方面非常重要;另外,重庆银行整合金融科技资源使7000家小微企业感受到线上金融科技产品的便捷性,在金融便利方面做出了努力;就政府透明度而言,重庆市不断提升政务公开的服务质量,不仅新增了服务移动平台,而且围绕重点领域公开有重大项目清单、重大项目进展情况等,加大信息公开力度的工作在积极开展中。不过,由于全面地整体提升贸易便利化是一项复杂且长期的工程,目前重庆市在取得这些成效的同时仍存在一些问题亟待解决,具体如下:

(1)交通基础设施

重庆市内公路路网密度仍不够大。重庆市道路网总体平均密度为6.7公里/平方公里,在全国范围内位列第12,排名中上等,但距离《中共中央国务院关于进一步加强城市规划建设管理工作的若干意见》提出的“到2020年,城市建成区平均路网密度提高到8公里/平方公里”仍有较大差距。另外,重庆作为山城受地理条件的影响较大,虽然中心城区中大部分行政区的路网密度达到了全国平均水平,但还是有部分行政区如巴南区、沙坪坝区等路网密度还仍然较低。

市内铁路网络布局不够完善。重庆市内38个区县中还有11个区县未通铁路;全市规划建设的4个枢纽港口中,目前仅有果园港铁路集疏运体系建成投用,9个重点港口中尚无铁路引入,铁公水多式联运体系尚未完全形成。在对外贸易方面,“中欧”班列多条线路之间协调性有待提升,比如渝新欧也面临着蓉新欧、汉新欧等的挑战,专列航线之间存在较高的重复性不利于物流成本的降低、资源的合理利用,也不利于铁路物流行业的健康快速发展。

在水运口岸通关这方面,现行通关程序比较繁琐、不利于效率提高。现行相关要求是必须所有的通关货物都运到口岸之后,通关程序才能开始进行,这通常导致报检、报关通道拥堵。申报部门的信息在环环相扣的通关程序中存在多次录入的问题,不仅平添工作量,还会导致通关效率低、易发生差错率等问题。同时,物流信息管理效率不高意味着相关高级人才储备不足。虽然港口物流基础设施正在完善,但尚未达到先进水平,面对日益增长的需求和扩大的市场,这些不足需要完善。

尽管重庆航空目前发展态势不错,在我国西部地区起着重要的交通枢纽作用,但是重庆在建设有内陆型自贸区和“一带一路”倡议实施的有利条件下,在航空方面与国内其他航空公司之间的合作不够密切,在构建“一带一路”机场联盟方面还处于起步阶段,就此而言还有很大的发展空间。

(2)信息技术

在电子商务方面,一是部分企业发展电子商务意识不足。虽然重庆市在电子商务方面属于国内发展较早的城市且目前运营情况良好,但仍然存在一部分企业对电子商务的作用了解不够、重视程度不够的现象。某些专业市场经营主体在发展电子商务时意识薄弱、缺乏对电子商务的正确认识,仅把电子商务视为线下交易的补充,将电子商务视为分销手段之一,再加之自行建立的运营平台效率不高,导致线上交易比重在整个贸易额中占比较低。比如,日用小商品等专业市场,虽然也正在积极探索电子商务经营模式,但其信息化水平还不够高,没有普遍实行统一结算服务,这样容易导致交易效率低下、市场扩散范围不够。二是重庆农村地区在发展电子商务时品牌意识不强,产品种类较单一,缺乏当地特色。当产品不具有品牌影响力时,产品在市场上的竞争力就会被种类繁多的商品大大削弱。与此同时,农村地区青年劳动力大量外出务工,而当地留下的劳动力生产效率不高、市场思维不够灵活,进一步导致农村在发展电子商务时处于劣势。三是在跨境电子商务上,重庆市的国际物流体系不够完善。比如国际快递主要通过国际第三方物流和国际平邮来运送,这样在运送体积或重量较大的物品时费用会比较高,不具备成本优势。

在金融科技方面,新型金融机构较少。目前重庆市金融机构仍以传统的证券、银行、保险三大类型为主,而新型的金融机构如基金、信托等数量较少,各种金融市场之间还没有建成高水平的联动机制。再加上目前重庆的金融整体规模还不算大,尽管重庆作为一个内陆型自贸区,在成立之时就肩负着构建国内重要功能性金融中心的重任,但是重庆在发挥金融中心作用辐射周边地区时仍然存在余力不足的问题。

(3)海关环境

现有查验设备数量不够充足。比如,尽管2018年重庆海关发布的16项举措里包含有"加大非侵入式查验比例",即通过借助X光实现不开箱验货从而提高通关效率。然而相关调查显示,重庆市海关现有的非侵入式查验设备数量其实很少,查验地点受较强限制,查验效率不高。

AEO(经认证的经营者)制度实施方面存在问题。AEO制度是世界海关组织所倡导的,通过海关对信用状况、守法程度和安全水平较高的企业实施认证,对通过认证的企业给予优惠通关便利的一项制度。据重庆海关数据显示,截至2020年9月,重庆关区有高级认证企业51家,一般认证企业147家,但这些企业几乎都是大规模企业,这意味着中小型企业在加入AEO认证体系以及加入后提高信用等级还面临着困难。

(4)政府透明度

从前文分析可以看出,重庆目前在决策公开、执行和结果公开的建设方面还远远落后于全国平均水平。这意味着政府在实施重大改革或建设时存在着公众对政策不了解、社会关注度不足等问题。决策公开水平低反映出目前重庆政府在信息公开标准方面还不够明确，使得下级政府在具体操作中无所适从，还可能出现推卸责任的现象。执行和结果公开程度较低则会影响政府的公信力，不利于加强决策的说服力，反映出政府政务公开平台建设有待完善，同时也意味着相关的工作机制有待进一步健全，各区县政府、市政府各部门的工作机构和工作力量有待加强。

4.2 重庆市贸易便利化水平实证分析

4.2.1 贸易便利化指标体系构建

各组织机构和学者采用的评价指标体系并不完全一致，且日益细化，但其基本思想相差不大，并且都首先考虑可量化和数据可得性。因此，本书参考 Wilson、Mann and Otsuki（2003）建立的指标体系，广泛分析货物及要素流动所涉及领域，并结合全球竞争力报告中相关数据的表述方法，构建了包括海关环境、基础设施、制度环境、信息技术4个一级指标和17个二级指标的测评体系，如表4-6所示：

表4-6 贸易便利化评价指标体系

一级指标	二级指标	取值范围
基础设施F	公路质量F1 quality of road infrastructure	1-7
	铁路服务效率F2 efficiency of train services	1-7
	航空服务效率F3 efficiency of air transport services	1-7
	海港服务效率F4 efficiency of seaport services	1-7
海关环境C	关税复杂度C1 complexity of tariffs	1-7
	非关税壁垒C2 prevalence of non-tariff barriers	1-7
	边境通关效率C3 border clearance efficiency	1-5
信息技术I	政府在线服务I1 e-participation	0-1
	移动手机I2 mobile-cellular telephone subscriptions	0-100
	移动宽带I3 mobile-broadband subscriptions	0-100
	互联网使用人数I4 Internet users	0-100

续表

一级指标	二级指标	取值范围
制度环境R	政府管制负担R1 burden of government regulation	1–7
	解决争端的法律框架的效率R2 efficiency of legal framework in setting disputes	1–7
	腐败指数R3 incidence of corruption	1–100
	产权保护R4 property rights	1–7
	法律框架对数字化商业模式的适应性R5 legal framework's adaptability to digital business models	1–7
	破产监管框架R6 insolvency regulation framework	0–16

基础设施衡量的是利用公路、铁路、航空、海运等各种交通方式运输货物的效率，包括公路质量、铁路服务效率、航空服务效率、海港服务效率4个二级指标。指标数值越大，交通基础设施的效率和质量越高。完善的基础设施能减少运输成本和市场衔接时间，提高物流便利化程度，加速国际贸易和经济增长。

海关环境衡量的是关税成本和通关效率，涵盖了关税复杂度、非关税壁垒和边境通关效率3个二级指标，海关的服务水平和监管制度能直观地体现外贸发展环境。关税复杂度数值越高，复杂度越低，关税成本越低，进出口成本越低，越有利于国际贸易；非关税壁垒数值越高，对进口商品的限制能力越低；边境通关效率反映了通关效果和效率，数值越高通关越快。

信息技术衡量的是信息通讯技术和互联网的普及程度，包括政府在线服务、移动手机、移动宽带和互联网使用人数4个二级指标。各指标数值越大，说明商业贸易越有效地利用了新技术，让现代信息技术参与到出口贸易的前期准备、谈判磋商和合同履行的所有过程，参与到跨国电子商务等新商业模式的创造中，有利于提高信息传递效率和创新贸易模式。

制度环境衡量的是一国法律和制度对商业管理的公正性、透明性和有效性，包括政府管制负担、解决争端的法律框架的效率、腐败指数、产权保护、法律框架对数字化商业模式的适应性和破产监管框架6个二级指标。各指标数值越高，制度环境越优良。宽松、透明、稳定、监管有效的制度框架有利于营造公平高效、竞争有序的商务环境，促进贸易便利。

4.2.2 数据处理方法

考虑到数据可得性和相关性，本书选用了2018年重庆市对外出口总值较多的32个国家的相关数据进行分析。这些国家分别是：美国、德国、荷兰、印度、日本、墨西哥、澳大利亚、新加坡、加拿大、马来西亚、英国、印度尼西亚、越南、法国、俄罗斯、泰国、菲律宾、意大利、希腊、捷克、巴西、哥伦比亚、智利、巴基斯坦、瑞典、沙特阿拉伯、波兰、秘鲁、土耳其、西班牙、瑞士和阿根廷。由于各指标得分来源于世界经济论坛公布的《全球竞争力报告2019》,各二级指标的取值范围和单位存在差异,不具有可比性。为便于计算和比较,首先对数据进行标准化处理。即 $Y_i=X_i/X_{max}$, Y_i表示标准化后的数值,取值范围为0-1,X_i表示各二级指标的原始数值,X_{max}表示在33个国家或地区中该指标取得的最大值。为评估总体水平,通过计算简单算术平均数得到贸易便利化综合指数为:

基础设施F=(F1+F2+F3+F4)/4

海关环境C=(C1+C2+C3)/3

信息技术I=(I1+I2+I3+I4)/4

制度环境R=(R1+R2+R3+R4+R5+R6)/6

贸易便利化综合指数TFI=(F+C+ I +R)/4

然后将样本国家或地区分为重庆市、发达地区(包括美国、加拿大、日本、新加坡、澳大利亚、英国、法国、西班牙、德国、瑞士、荷兰、意大利、瑞典、希腊和捷克)和发展中地区(包括印度、墨西哥、马来西亚、印度尼西亚、越南、俄罗斯、泰国、菲律宾、巴西、哥伦比亚、智利、巴基斯坦、沙特阿拉伯、波兰、秘鲁、土耳其和阿根廷)三组,分别计算发达地区和发展中地区各指标的平均值,以比较各分项指标的水平。

4.2.3 重庆市贸易便利化水平测算

经过简单算术平均后,重庆市和32个国家的贸易便利化综合指数和排名如表4-7所示。

表4-7 贸易便利化综合指数和排名

排名	国家	综合指标	排名	国家	综合指标
1	新加坡	0.935	18	意大利	0.676
2	日本	0.870	19	泰国	0.666
3	荷兰	0.837	20	俄罗斯	0.661
4	美国	0.832	21	土耳其	0.661
5	澳大利亚	0.819	22	印度尼西亚	0.658
6	瑞典	0.795	23	捷克	0.657
7	瑞士	0.793	24	墨西哥	0.654
8	德国	0.790	25	印度	0.646
9	英国	0.773	26	菲律宾	0.631
10	马来西亚	0.766	27	越南	0.624
11	智利	0.762	28	希腊	0.624

续表

排名	国家	综合指标	排名	国家	综合指标
12	加拿大	0.755	29	阿根廷	0.616
13	法国	0.741	30	哥伦比亚	0.613
14	沙特阿拉伯	0.733	31	巴西	0.599
15	西班牙	0.725	32	秘鲁	0.593
16	重庆市	0.717	33	巴基斯坦	0.561
17	波兰	0.701			

数据来源：由《全球竞争力报告2019》的原始数据经上文所述计算而得

由以上测评结果可得，在与贸易较为密切的32个国家的比较中，2018—2019年重庆市的贸易便利化处于中等水平，其他贸易伙伴国中新加坡最高，达到了0.9分以上，日本、荷兰、美国和澳大利亚超过了0.8分，贸易较为便利。大多数国家得分在0.6–0.8之间，贸易一般便利。少数国家在0.6分以下，贸易不便。

贸易便利化综合指数高于重庆市的国家或地区多为发达地区，得分均在0.7分以上，因其在大多数指标上都表现较好，尤其是边境通关效率高、交通基础设施质量好、腐败程度低、注重产权保护和互联网使用比重高等方面成绩特别突出，所以发达地区的总体水平也都排名靠前。因此，重庆市可重点参考这些国家的做法，例如新加坡从1989年便开始实施“单一窗口”制度；注重政府和企业间相互制约、相互促进；利用电子政务为企业提供“一站式”服务等等，借鉴其先进的制度和措施，从而提高自身的贸易便利化水平。

贸易便利化综合指数低于重庆市的国家或地区多为发展中地区，得分基本都不高于0.7分，主要问题有政府对企业的监管负担重、法律制度框架不利于支持和保护商业活动、交通基础设施落后等。因此，重庆市应注意避免以上在发展中地区普遍存在的问题，结合实际情况有针对性地改进不足之处。

4.2.4 重庆市贸易便利化水平测算结果分析

（1）基础设施的国际比较

如图 4–5 所示，交通基础设施的效率和质量评分基本为发达地区最高，重庆市中等，发展中地区最低，说明重庆市公路、铁路、航空、港口等交通运输方式的基础设施质量略高于发展中地区的平均水平，但比发达地区的质量和效率低很多，若要向发达地区靠齐，则仍需加强建设力度，以促进物流便利化带动贸易便利化。

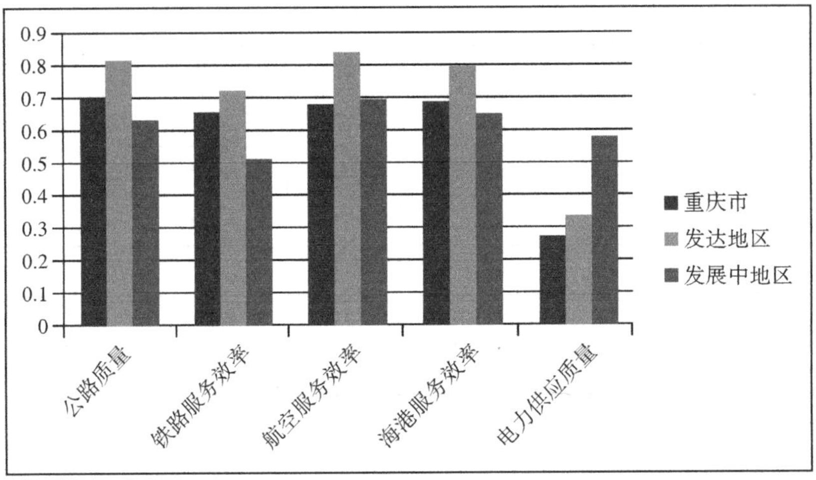

图4-5 基础设施的国际比较

(2)海关环境的国际比较

如图 4-6 所示,发达地区在非关税壁垒和边境通关效率方面占有优势,在关税复杂度方面占劣势;发展中地区的关税复杂度处于中等水平,非关税壁垒和边境通关效率评分最低;重庆市的非关税壁垒和边境通关效率评分居中,与发达地区相比仍存在一定差距,关税复杂度最低,说明重庆市的关税制度透明清晰,但技术性贸易壁垒和卫生与检验检疫措施等非关税壁垒较为盛行;海关和边境管理机构的清关手续和行政效率有待进一步提升。

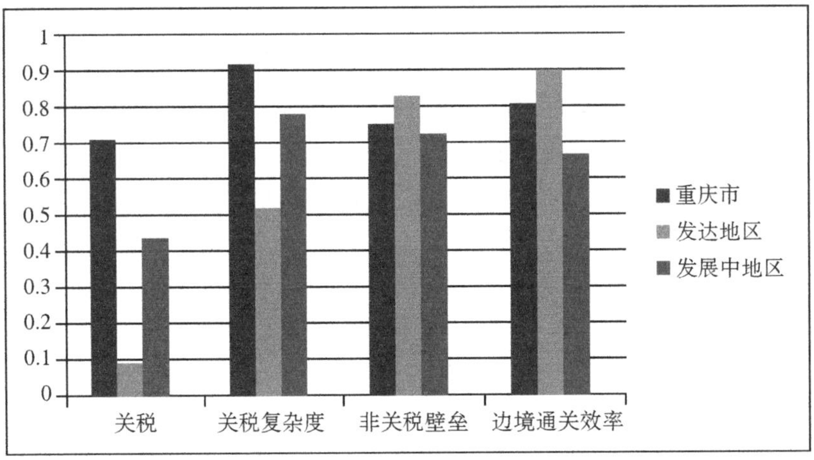

图 4-6 海关环境的国际比较

(3)信息技术的国际比较

如图 4-7 所示,在政府在线服务和移动宽带上,发达地区评分最高,重庆市居中,发展中地区最低;发达地区和发展中地区的移动手机得分相近,重庆市略低;互联网使用人数发达地区占绝对优势,重庆市最差,反映了重庆市利用先进电子信息技术的能力不够,有必要加大力度推广互联网使用和加大研发信息通信技术。

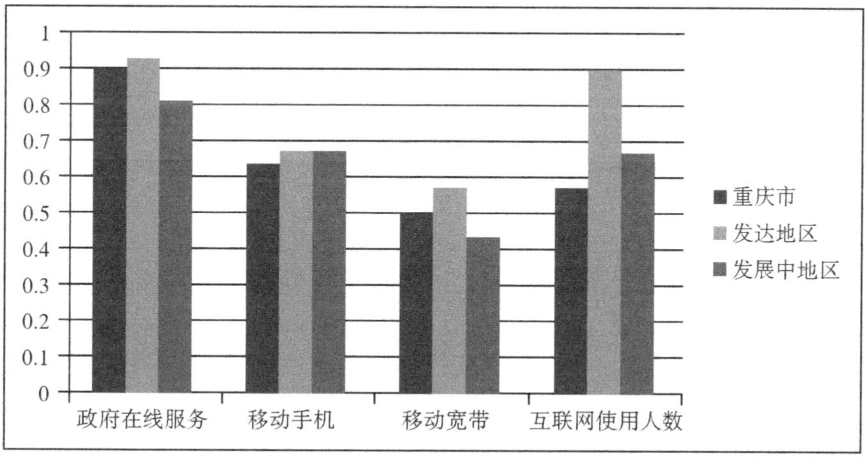

图4-7 信息技术的国际比较

(4)制度环境的国际比较

如图 4-8 所示，在政府监管和法律框架适应数字化商业模式上重庆得分最高，发达地区中等，发展中地区最低；腐败程度上重庆市和发展中地区都高于发达地区；在解决争端的法律框架效率、产权保护和破产监管框架上均为发达地区得分最高，重庆市次之，发展中地区最低。其中在防止腐败和产权保护上，重庆市与发达地区相差甚远，由此说明，重庆市亟待加强法治化建设，当前行政的透明度和公开度低，易导致公权滥用滋生腐败；并且产权方面的立法和司法有待完善，对产权的保护程度和对侵权行为的打击力度不足。

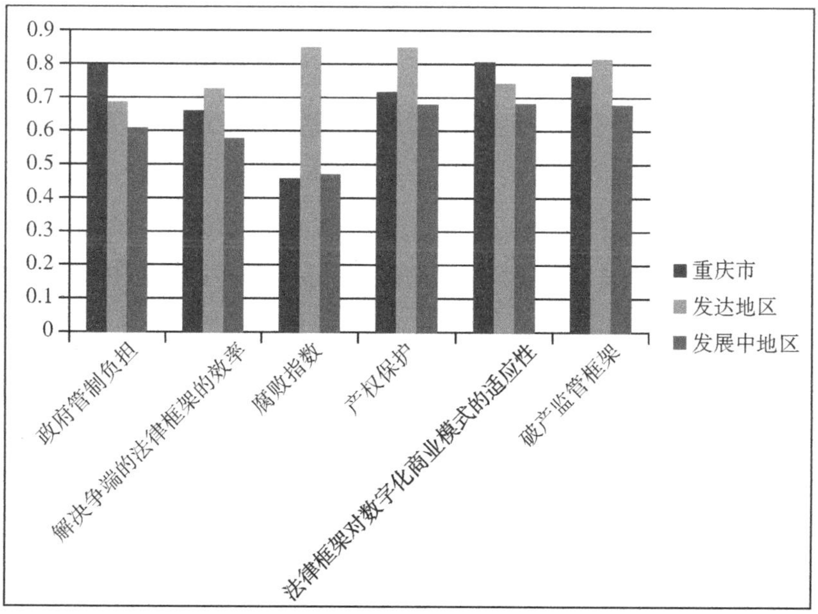

图4-8 制度环境的国际比较

5 贸易便利化水平对重庆市出口贸易影响的实证分析

为明确贸易便利化水平对出口贸易的影响，本章基于2018年重庆市和32个主要贸易伙伴国的数据，采用引力模型进行实证分析，在此基础上，方析重庆市出口贸易潜力，为重庆市提升贸易便利化水平、促进出口贸易发展奠定基础。

5.1 模型选择及变量说明

5.1.1 模型选择

引力模型（Gravity Model）的源头是物理学中牛顿提出的万有引力定律，即“两物体之间相互引力与两个物体的质量大小成正比，与两物体间的距离远近成反比”。现如今该模型已被广泛应用于各个学科，尤其常见的是用于国际贸易学中研究双边贸易流量的决定因素。在20世纪60年代，Tinbergen和Poyhonen最早使用贸易引力模型。他们的研究结论是，两国间的单项贸易流量与其各自的经济规模成正比，与两国之间的距离成反比。经过多年的发展，越来越多的学者将人口规模、人均收入、制度以及各种虚拟变量作为具有不同重点的解释变量加入贸易引力模型中，分析各因素如何影响以及多大程度上影响了两国间的贸易流量，并对贸易潜力进行测算。引力模型的一般形式是：

$X_{ij}=\alpha_0 Y_i^{\alpha 1} Y_j^{\alpha 2} D_{ij}^{\alpha 3} A_{ij}^{\alpha 4}$

其中X_{ij}表示第t年i国对j国的出口贸易额，Y_i表示i国的国内生产总值，Y_j表示j国的国内生产总值，D_{ij}表示i国与j国间的距离，A_{ij}表示其他影响两国间贸易流量的因素。因为GDP、人口、距离等因素的实际数值都太大，为避免影响回归结果，便于实证分析，一般取其自然对数线性形式，因此基本模型表示为：

$$\ln X_{ij}=\alpha_0+\alpha_1\ln Y_i+\alpha_2\ln Y_J+\alpha_3\ln D_{ij}+\alpha_4\ln A_{iJ}+\mu_{ij} \quad (\text{I})$$

其中μ_{ij}为随机误差项，α_0为常数项，α_1、α_2、α_3、α_4为变量系数。

由于本书研究贸易便利化如何影响出口贸易，且在选用2018年截面数据的情况下，重庆市GDP为常量不影响回归结果，所以对基本模型（Ⅰ）做了改进和扩展，引入新的解释变量后扩展模型如下：

$$\ln EX_{ij}=\alpha_0+\alpha_1\ln GDP_j+\alpha_2\ln GDPPC_j+\alpha_3\ln DIS_{iJ}+\alpha_4\ln TFI_j+\alpha_5\ln TAR_J+\mu_{ij} \quad (\text{II})$$

5.1.2 变量说明

（1）EX_{ij}表示重庆市2018年对j国的出口总值，数据来源于重庆市统计局发布的《重庆市统计年鉴（2019年）》；

（2）GDP_j表示j国2018年的国内生产总值，代表了j国的经济规模总量，能反映经济实力与市场规模。经济总量越大，则有更大的对外贸易需求，会更深入地参与国际市场。数据来源于世界银行。

（3）$GDPPC_j$表示j国2018年的人均国民生产总值，反映了该国的经济发展水平，经济发展水平越高，则人均收入高，消费能力强，对国际市场的需求越大。但该指标与人口数量相关，人口增加既可能创造对外贸易需求，也可能因增强本国生产能力而减少对外贸易需求。数据来源于世界银行。

（4）DIS_{ij}表示j国与重庆市的距离，距离越近，运输时间越短，成本越低，贸易阻力越小。本书数据用j国首都与中国北京的距离代替，数据来源于indo网“距离计算器”的计算值。

（5）TFI_j表示2018—2019年j国贸易便利化水平在海关环境、基础设施、制度环境和信息技术四个方面的综合得分。得分越高，贸易便利化水平越高，国际贸易阻碍越少，各种环境越有利于发展国际贸易。数据由前文计算所得。

（6）TAR_j表示2018年j国的各类商品进口关税的加权平均值，关税越高进口商品成本越高，高价格将减少国内消费者的需求，不利于国际贸易。数据从全球竞争力报告中统计而得。

5.2 实证结果及分析

5.2.1 实证结果

本书运用Eviews10.0计量经济软件，基于2018年重庆市和32个贸易伙伴国的数据，首先选取j国GDP、人均GDP和两地间的距离这三个解释变量作为基本模型(Ⅰ),采用普通最小二乘法做回归分析,再加入贸易便利化水平综合评分和关税水平,对扩展模型(Ⅱ)做回归分析。结果如表5-1和表5-2所示:

表5-1　基本模型(Ⅰ)回归结果

自变量	回归系数	T统计值
C	8.669128	1.878979
lnGDP	0.567927	4.476972
lnGDPPC	0.016909	0.135253
lnDIS	-0.262939	-1.205311
可决系数	0.476383	
调整的可决系数	0.420281	
F统计值	8.491407	

表5-2　扩展模型(Ⅱ)回归结果

自变量	回归系数	T统计值
C	9.666699	2.202448
lnGDP	0.585217	4.53292
lnGDPPC	-0.527421	-2.302245
lnDIS	-0.076333	-1.317287
lnTFI	3.930802	2.028934
lnTAR	-0.178542	-1.284985
可决系数	0.594124	
调整的可决系数	0.516071	
F统计值	7.611795	

数据来源:计算所得

5.2.2 实证结果分析

比较两个回归结果可知,引入贸易便利化水平和关税税率这两个解释变量后,可决系数和调整的可决系数都有增大,说明了模型解释能力提高。j国人均GDP的回归系数正负不定,且在基本模型(Ⅰ)中未通过t检验,与人均GDP对国际贸易需求的预期影响一致,即j国人均GDP不会给重庆对外出口额带来显著的正影响或负影响。

对扩展模型(Ⅱ)的回归结果进一步分析,可得如下结果:

J国GDP的回归系数为正数0.59,且在较高的显著性水平下通过了t检验,说明重庆对外出口额与各贸易伙伴国的经济总量正相关,与预期相符。贸易伙伴国国内生产总值每增加1%,重庆对外出口额增加约0.59%。国内生产总值增加,收入增加,购买力和需求水平提升,因此会增加进口促进双边贸易。

两地间距离的回归系数为负数,说明两地间距离对重庆出口额是负影响。一般认为,两国间的距离越远则贸易流量越小。但本书选用的32个国家样本量较小,与重庆市距离较近的国家多处于东南亚和中东地区,因其本身经济总量不大,进口需求小,所以两地间距离虽然很近,但贸易量较小。因此,本模型中未能很好地表现两地间距离与贸易量的负相关关系。

贸易便利化水平的回归系数为3.93,远大于同样具有正影响的j国GDP的回归值,贸易便利化水平每提高1%,重庆出口额会增加3.93%,说明该指标对贸易流量影响较大。通过改善基础设施、简化贸易程序和手续、提高制度完善度和透明度、加强信息技术利用等措施,能有效减弱各种非传统贸易保护所带来的影响,降低贸易成本,大大促进国际贸易。

关税对国际贸易起阻碍作用,但其影响比其他因素更微弱,j国关税水平每提高1%,重庆出口额将减少0.19%。关税反映贸易自由化对贸易流量的影响,关税越低,商品和要素在国家间流动的成本越低,有利于国际贸易的健康发展。当前经济全球化和区域经济化日益发展,关税壁垒已不再是贸易壁垒的主要形式,因此关税对贸易流量的影响逐渐减小。

5.3 基于贸易便利化水平的重庆市出口贸易潜力分析

在以上贸易便利化水平和扩展引力模型基础上,继续估算重庆市对32个贸易伙伴国的贸易潜力。大多数国内学者使用刘青书和姜书竹(2002)提出的用实际的双边贸易额(T)与模型拟合的理论值(T*)之比估算贸易潜力的方法,并将贸易潜力分为三种情况:

(1)T/ T*>1.2为潜力再造型;

(2) 0.8<T/ T*<1.2为潜力开拓型;

(3)T/ T*<0.8为潜力巨大型。

本书也借助该方法,根据扩展引力模型(Ⅱ)可估算2018年重庆市对各国出口贸易流量的理论水平T*,再计算实际值与理论值的比值来衡量重庆市对各国的出口贸易潜力,结果如表5-3所示。

2018年重庆市与对外贸易频繁的32个国家的贸易潜力可分为潜力再造型、潜力开拓型和潜力巨大型。有10个国家属于潜力再造型，位于前五位的分别是德国、美国、希腊、荷兰及捷克，说明重庆市对这些国家的出口贸易已经得到了较为充足的开发，市场饱和，发展潜力有限。有哥伦比亚、菲律宾、澳大利亚等9个国家属于潜力开拓型，有新加坡、智利、瑞典等13个国家属于潜力巨大型，而位于后五位的分别是西班牙、波兰、土耳其、日本和法国，可知重庆市与这些国家贸易不足，存在较大的可挖掘的潜在市场空间，贸易前景广阔。

表5-3　2018年重庆市对各国出口贸易潜力类型

国家	T值(万美元)	T*(万美元)	T/T*	类型
德国	584058	164139	3.56	潜力再造型
美国	1509520	439575	3.43	
希腊	48342	18783	2.57	
荷兰	202459	83261	2.43	
捷克	44142	23022	1.92	
越南	69405	38188	1.82	
马来西亚	91887	56822	1.62	
墨西哥	113748	72163	1.58	
泰国	59676	45388	1.31	
加拿大	95180	76630	1.24	
哥伦比亚	37370	31388	1.19	潜力开拓型
菲律宾	58894	50234	1.17	
澳大利亚	98636	90386	1.09	
秘鲁	29296	27585	1.06	
巴基斯坦	35484	36063	0.98	
印度尼西亚	85370	100566	0.85	
阿根廷	23653	28242	0.84	
俄罗斯	66416	80768	0.82	
印度	155960	191668	0.81	
新加坡	97308	132722	0.73	潜力巨大型
智利	36143	49881	0.72	
瑞典	33374	49451	0.67	

续表

国家	T值(万美元)	T*(万美元)	T/T*	类型
意大利	49097	73219	0.67	潜力巨大型
瑞士	23717	36631	0.65	
沙特阿拉伯	33305	51443	0.65	
英国	85623	132614	0.65	
巴西	37541	59986	0.63	
法国	67572	112845	0.60	
日本	142893	245969	0.58	
土耳其	28767	55064	0.52	
波兰	30822	60795	0.51	
西班牙	26434	83298	0.32	

数据来源:重庆统计局和计算所得

6 国内外贸易便利化建设及其经验借鉴

6.1 美国的建设及经验借鉴

美国彻底独立后开启了和平建设新时期，对外经济活动始终在美国的内外政策中占据着重要的位置。19世纪美国经济实现了快速发展，20世纪初人均国民生产总值超越英国。随着经济实力的增强，美国通过门户开放等一系列对外政策，国际贸易地位日益提高。美国凭借一战和二战时期欧洲传统大国遭受打击这一契机加快发展，最终成为世界贸易规则的制定者。美国工业霸主地位最终确立后，力推国际贸易自由化，联合各国签订《关税及贸易总协定》，通过互惠互利协定为本国强大的工业制成品拓宽国际市场，并且结合使用贸易保护手段，确保了其在高新技术产业领域的领先地位。2008年金融危机导致经济衰退，消费者信心不足，私营部门投资低迷，工人失业，制造业受挫，通过国际贸易促进出口增长成为拉动经济复苏、增加就业的重要手段，降低贸易成本则是实现出口增长目标的关键。为了维护世界经济与贸易的霸主地位，美国2009年开始启动“再工业化战略”，大力发展国内高端制造业，成为后危机时代美国经济新的增长点以及稳固经济霸权的基础，而通过便利化改革将美国产品低成本输出国际市场成为重塑国际贸易竞争力的重要途径。因此，根据美国在出口通关、货运基础设施、信息基础设施、制度环境四个方面的改革内容，可总结出以下经验。

6.1.1 建设基础设施提升货运能力

美国大力修复和扩建货运基础设施，加强应用先进技术科学，有效地减少了拥堵，提高了安全性，有利于提升货物跨境流通速度，降低了运输成本及风险。

第一，制定统一的货运政策，颁布多部交通基础设施相关法律法规，明确投融资机制和建设方向。2012年颁布的《新运输法案》将联邦政府、各地方政府、大都会交通组织等利益相关者置于同一战略发展框架下，共同建设高效的货运体系，并且绘制了《国家多式运输网络地图》以及《国家高速公路货运网络地图》为货运政策制定提供交通信息。2018年2月12日，美国政府发布《美国重建基础设施立法纲要》，规划了未来10年内道路桥梁、机场、铁路、港口内陆航道等各方面交通设施的建设方向。

第二，加大政府基建投资，提高货运设施质量，提升货运系统效率。联邦政府为货运基础设施建设提供了长期资金支持。2014年10月，以"创造机会、修复更新、高效工作、重建美国基础设施"为总体发展目标的《成长法案》授权4年内投资总额3020亿美元，主要用于公路设施和安全性能提升、铁路系统发展以及港口多式联运的建设。2015年，奥巴马签署《交通基础设施建设法案》，为美国2016—2020财年的交通基础设施建设提供3050亿美元融资。以上投资大大增加了基础设施运营能力，从而提升货运效率，促进外贸发展。同时，美国也注重智能技术应用，智能陆运系统具有开发时间早、发展完善等特点，其将信息技术、数据通信传输技术、电子控制技术以及计算机处理技术等有效地集合运用于整个地面运输管理，智能高效地减少拥堵延误、保障交通安全和提高通行能力。

第三，鼓励私人资本参与货运基建投资，加强项目融资协助。从建国初期至今，美国联邦和州政府一直采取积极的财政金融政策以推进基础设施建设，基础设施多次列于联邦财政预算支出中的重要位置。美国从1981年开始进行基础设施投融资改革，放宽进入和定价管制，依靠完善的市场体系和发达的资本市场，吸引私人资本投资广泛参与交通基础设施建设。同时精简项目审批程序，并给予企业融资协助，加速项目实施进程。2016年7月，联邦运输部成立了"建筑美国署"(Build America Bureau)为投资者提供技术支持，并对项目计划、融资、完成、监控提供全方位的个性化服务。

6.1.2 规范出口管制提高通关效率

针对出口管制规则不科学、通关程序和手续复杂、边检效率过低的现状，美国在放松货物出口管制、推进通关无纸化和一体化、缩减边检时间、强化风险管理、协调国内外通关规制等方面采取了便利化措施。

第一，改革出口管制体系和组织部门。成立边境跨部门执行委员会，负责促进机构间的协调；根据最终目的地、最终用户和最终用途分别制定有针对性的管控标准；优化IT信息管理系统，形成单一出口许可证管理平台，加速审批进度；精简许可证申报程序，取消盟国和友好伙伴出口特定物项的申请许可证，取消商用品清单中低敏感度商品的出口商每年注册要求，合并许可证发放机关的申请表格，合并身份审查名单等，缩减申报时间。

第二，创新"单一窗口"平台，实施通关无纸化和一体化。根据1993年《海关现代化法案》，克林顿政府开始了美国进出口报关自动化系统的开发和应用。已经建成的由自动化出口系统(AES)和自动化商业环境(ACE)组成的自动进出口申报系统以及国际贸易数据系统(ITDS),高效地管理了贸易信息流。金融危机后,美国海关推行了贸易无纸化和一体化系列试点项目,加速建设"单一窗口"。2013年12月,美国海关宣布"PGA消息集"项目试点,帮助海关将ACE系统平台上的数据自动采集、统一归档、处理共享,进一步减少甚至完全替代了货物进出口需要提交的纸质表单。"单一窗口"使各部门数据可以直接交换共享,最终实现跨部门信息化系统间的动态互操作、概念互操作,提升跨部门共同决策的能力,真正实现"信息互换、监管互认、执法互助"。

第三,美国海关增加了边境基础设施投资,加强了最新科学技术在优化边检设备和提升边检人力资源配置中的应用。美国海关于2012年开发完成并实施商业贸易处理系统(Automated Commercial Environment),使货物通关更加迅捷。还利用非侵入式和放射性探测技术项目、爆炸物和毒品检测系统、移动掌中文件阅读器、移动手持许可证识别器等高科技边检设备,以及自动靶向系统(ATS)、动态人脸识别系统,更大规模、更省时地扫描进境物流中出现的违禁品,加强边境风险管理,提高风险评估准确性,大大缩短边检时间。

第四,加强国际海关合作,继续推进"AEO制度",降低制度壁垒。通过国际海关合作加强与贸易伙伴通关制度和手续协调,同时协助发展中国家改善其通关不便利的地方。

6.1.3 加强互联网和物联网设施建设

美国是物联网起源地之一,智能感知、识别技术与普适计算等通信感知技术将互联网与物理硬件设施相结合,形成"物物联通"的物联网络。物联网发展的重要基础是互联网基础设施,这一网络不仅能将国内电网、道路、网络等设施相互连通,而且也能实现美国与全球连通。金融危机后,美国政府将物联网确定为经济振兴计划的重点投资领域。2010年3月,商务部通信委员会提交了《链接美国:国家宽带计划》,这一计划成为美国进行互联网基础设施便利化改革的行动纲领,具体的便利化改革措施如下。

第一,增大网络硬件设施投资,提升网络普及度与速率。政府通过定向投资和鼓励私人投资,大力建设固定宽带、无线宽带和智能电网基础设施,增强互联网络的稳定性和智能化。2009—2015年,美国宽带基础设施投资总额超过2066亿美元,开发和升级了超过14万英里网络基础设施,4500万新增人口接入宽带。2018年"重建计划"又投入200亿美元到未普及高速互联网服务和服务欠缺的地区。此外,联邦政府将提供额外资金帮助升级老化的911系统和其他相关基础设施技术。

第二,鼓励无线技术创新,加快技术转化。信息科技的研发与创新是提升互联网基础设施质量的重要技术保障,2009年FCC蓝皮书中明确将无线宽带技术创新作为工业4.0时代美国信息通信技术的发展方向。美国政府不仅在传统的商业零售和物流领域应用物联网技术，更鼓励企业和科研院校加强创新和技术转化，将其扩展到汽车行业、交通运输、生物医疗以及电子制造等行业和领域中，并缩短新技术落地的时间，促进了技术利用最大化。奥巴马总统2011年签署的《美国发明法案》以及其后许多改革性的倡议，也致力于用缩短专利审查和减免专利申请费用等方式鼓励企业创新。

第三，维护互联网络安全，降低企业网络营商风险。网络安全包括网络硬件、软件和信息的安全，如计算机系统抗攻击能力、信息传输及交换过程的安全保密性、网络服务的稳定性、计算机网络对非法用户侵入的阻断性等，其与互联网硬件设施、网络技术、技术人员配备直接相关。为了应对网络威胁，2011年美国公布《可信互联网空间身份标识国家战略》，从建立身份识别生态系统角度防御身份盗用、降低网络欺诈风险；2015年出台的《网络安全法案》明确了私营企业与政府部门之间共享网络威胁信息的机制。在改进网络硬件方面，2016年联邦政府从信息科技现代化基金中投资31亿美元用于各联邦部门评估与更换损耗大、安全性能低的电脑设备。2017年投入网络安全基建投资的预算达190亿美元，较2016年增加了35%。

6.1.4 加强制度透明以改善营商环境

为了创造有利的行政制度环境和营商环境，增强出口产品的国家竞争力，美国政府致力于打造开放透明政府，推进全球反腐进程，协调国际规则制度，改善贸易伙伴市场环境，协助发展中国家开展能力建设。

在国内制度方面，1966年《信息自由法》的颁布被视为美国民主制度发展的里程碑，确立了“以公开为原则，不公开为例外”的政府信息公开制度准则。1976年《阳光下的政府法案》进一步最大化美国全体公民的知情权，最小化政府官员的隐私权。奥巴马政府将行政制度改革提升到全新高度，期望通过建立开放透明的政府提高行政效率及治理效果。2009年1月，奥巴马总统提出以“透明、参与、合作”三项原则打造开放政府，并签署了《透明及开放政府备忘录》。2009年12月，美国预算办公室发布了《开放政府指令》，对各部门提出了明确的改革指导意见和要求，商务部及其下属贸易相关部门均进行了行政制度改革，通过线上平台定期发布信息并收集公众意见，以保证政策决策过程的透明。2014年开展的公开数据行动真正实现了政府大数据的公开与共享。

在国际合作方面，为了营造公平竞争的海外商业环境，美国政府还推进全球反腐进程，并积极与贸易伙伴协调国际规则标准。例如，通过建立多边开放政府伙伴关系，敦促贸易伙伴推行政府改革。2011年9月，在奥巴马总统倡导下，美国与巴西、印度尼西亚、墨西哥、挪威、菲律宾、南非、英国等七国政府共同签署了《开放政府伙伴关系协议》。作为创始国，美国在开放政府数据、提高政府财务透明度、增进公众参与度以及有效管理公共资源等方面为各协定国做出了表率;为发展中国家及不发达地区的反腐败能力建设提供资金支持,2012年,奥巴马政府创立了“财政透明创新基金”,专门用于协助亚非发展中地区改进政府财政透明度和公众监督能力。美国政府还极力促成WTO《贸易便利化协定》的生效和TPP、TTIP等区域贸易协定,推动各成员国根据协议进行便利化改革、协调国内外规则制度、提高贸易效率。

6.2 欧盟的建设及经验借鉴

二战后,欧洲各国为了恢复经济发展,逐步走向了统一和联合,先后成立了欧洲煤钢共同体、欧洲经济共同体和原子能共同体,1967年合并为欧洲共同体,经济一体化程度加深。1993年11月1日,《马斯特里赫特条约》生效标志着欧洲联盟正式成立,欧共体从经济实体向经济政治实体过渡,同时发展共同外交及安全政策,并加强司法及内政事务上的合作,“用一个声音说话”的欧洲经济实力和国际影响力日益提高。然而进入21世纪后,欧盟宪法危机、欧债危机、难民危机、英国脱欧使得欧盟的发展遭受打击。为了应对多重危机,欧盟展开了系列改革,其中包括调整对外贸易政策,以发挥国际贸易的关键支撑作用。欧盟的贸易便利化建设可提供如下经验借鉴。

6.2.1 促进海关管理模式现代化改革

欧盟于2001年发布的《欧盟海关联盟战略》,明确了海关在促进贸易便利化、保护共同体及公民利益中的重要作用,并指出可充分考虑应用信息技术来促进海关法规的简明化和操作的规范性。以下措施是欧盟海关现代化改革的几个重要方面。

1988年,欧盟实施了单一行政文件制度来统一规范关境内各国的行政管理和标准。单一行政文件制度对各国的清关文件格式做了标准化,同时减少了清关所需数据量,并在国际贸易进出口、运输、仓储等环节得到广泛使用。借助电子化和信息化,单一行政文件制度得到普及和推广,不仅仅适用于欧共体成员国之间的贸易。2005年欧盟进一步实施了“简化程序的单一授权/集中清关”制度。在该制度下,贸易商可以选择在欧盟任一成员国内对进出口货物进行清关,而被选择的成员国海关所做的业务鉴定在欧盟其他成员国海关具有同等的法律效力。这对贸易商依据自身经营情况对进出口货物进行清关提供了方便,有效地整合和减少了贸易过程中发生的财务、物流和分销等经营成本。

“单一窗口”和“一站式平台”制度。依照“单一窗口”的要求,经营者可以采用电子方式将海关及其他部门所需资料递交给任意的一个单一联系点。“一站式平台”指针对不同用途而进行的检查将由所有部门同时同地进行。这两大制度简化了货物的通关程序,方便了合法经营者业务的开展。

“电子海关系统”制度。为更好地开展互联互通,2007年欧盟开始着手对电子海关系统及其框架下的一系列法律法规的改革,并引入各国统一遵守的风险评估和控制标准。《现代化海关法典》与欧盟的电子清关决议密切相关,为电子数据处理技术的应用提供了法律依据,规定贸易商与海关部门之间所有交换数据、随附文件等互换均须采用电子数据处理技术。

6.2.2 签订经贸协定加强国际间合作

对外贸易协定是欧盟参与并影响全球化进程的重要手段。欧盟贸易协定产生于欧盟共同商业政策的基础上,是欧盟一体化治理程度最高的领域之一。此后,欧盟对外贸易协定不断取得新进展,对国际贸易便利产生了重大影响。

根据贸易协定的内容及目标,欧盟贸易协定可分为不同类型,但相关经贸条款一定程度上有利于双方市场开放和互惠互利,是欧盟实施共同商业政策的外部方式,并且具有国际法和欧盟法的“双重维度”效力。近年来,欧盟和越来越多的经济体签订了对外贸易协定。到2019年,欧盟和加拿大、韩国、墨西哥、日本、越南、新加坡等签订的贸易协定已经生效,从促进要素商品自由流动、消除贸易技术壁垒、知识产权保护、贸易救济及贸易争端解决等多方面提高了贸易便利化水平。

6.2.3 健全国际贸易的争端解决机制

对外贸易争端是国家之间在开展贸易的过程中,为追求自身利益最大化而与其他贸易主体产生的纠纷,以及为解决纠纷而采取的政治、经济和外交措施上的斗争。目前,贸易争端的方式由传统的反倾销、反补贴等手段转向知识产权、技术标准和卫生检疫等更为隐蔽的领域,发生贸易争端的产业也由传统的商贸领域蔓延至中高端产品领域。若不能及时解决争端,就会对相关进出口企业的经营活动产生恶劣的影响。

国家对外贸易争端的解决方式多样,程序复杂,多由当事国协商确定,既可适用一方当事国的法律,也可适用第三国的法律,还可依据国际公约或国际惯例。除了采用目前国际社会所共同认可的WTO争端解决机制外,还可通过贸易协定解决,即贸易双方在协定中预先约定好发生争端后的解决方式,对双方产生一定的约束作用。例如,欧盟与巴尔干半岛贸易协定中规定的争议解决机构是稳定与合作委员会,其裁决具有约束力;地中海国家贸易协定引入了仲裁;欧盟与南非的贸易、发展与合作协定在争端解决方面更加法律化、规范化,它对仲裁员的选择、仲裁庭的成立、仲裁裁决的做出以及执行都做了明确的时限规定。

6.2.4 重视知识产权保护的法律建设

随着欧洲工业革命的兴起和对外贸易的发展,知识产权边境保护也随之出现,进而促进了欧洲知识产权保护法律的建立、发展和完善。经过多年的发展,欧盟在知识产权边境保护方面具有先进的立法理念和丰富的立法经验,提供了许多经验借鉴。

欧盟成员国最初在知识产权的实施措施方面存在着差异,为了适应时代的发展和变化,1986年欧共体展开了第一次关于知识产权边境保护的区域统一立法,严格了货物侵权的方式,使得货物不可能再退运出境,赋予了权利人信息权。此后,欧盟又陆续进行了几次区域统一立法改革,使得知识产权边境保护制度条例更加协调,执法程序更加确定和具体,保护了权利人利益,并且体现了无纸化贸易和电子海关的新趋势,日益符合经济和贸易发展的实际情况。

6.3 日本的建设及经验借鉴

二战后,日本经济几乎陷于瘫痪,日本政府陆续推出"经济优先""贸易立国""国民收入倍增计划"等经济复苏战略,通过优惠政策扶持具有规模经济效应的出口产业,经济实现飞速发展,为日本工业化打下了良好的基础。70年代面对石油危机,日本积极调整经济结构和产业结构,扩大对外直接投资,引进世界先进技术,提高了日本工业整体技术水平和产业结构层次。以1985年签署《广场协议》为开端,日元汇率上升,日本经济明显过热,进入"泡沫经济"时代,泡沫破灭后日本经济长期处于低迷和调整之中。在此背景下,日本利用减少进口壁垒、大力吸收国外直接投资、鼓励民间投资、积极与其他国家和地区展开区域双边或多方位的贸易经济合作等措施,大力发展国际贸易。总体看来,日本从70年代中期开始至今,推行的是逐步的贸易和投资自由化政策。日本的经济贸易发展可从以下方面提供贸易便利化的经验借鉴。

6.3.1 建立贸易便利化组织实施体系

日本海关是实施贸易便利化措施的主要政府组织,其他相关机构在一定的协调机制下与之协作。日本海关成为当今全世界最现代化的海关之一,其重大目标就包括便利通关过程,从而促进贸易便利化,推动日本国际贸易的最大化。这要求日本海关在维护进出口贸易过程稳定的同时,也要促进贸易的健康发展,对通关流程以及各种操作系统不断进行升级与改进,提高贸易效率。

财务省是日本海关事务的主管省厅,关税局是财务省本部主管海关事务的职能部门,主要负责制定有关关税的政策。除下属部门关税课负责关税等制度的调查、规划和草案拟定外，其下设的负责国际组织和国际调查的参事官室也都参与处理贸易便利化相关事务。关税中央分析所是日本海关技术分析的职能部门，它为海关贸易便利化改造进程提供必要的数据分析和技术支撑。海关研修所是对财务省及海关职员进行海关行政培训的职能部门，促使海关公职人员熟练掌握海关实践技能，包括培训从事海关业务所必要的知识和技能，比如原产地规则、海关估值、进出口商品归类、港口和出入境相关手续、AEO专业培训等与贸易实操相关的内容。相关部门各司其职，相互协调，为日本的国际贸易和贸易便利化奠定了组织基础。另外，日本规格协会、化学纤维协会、水产物协会、钢铁联盟等行业和各类产品的进出口商协会也被授权负责各行业和产品的进出口审批手续，具有贸易监管职能。

6.3.2 强化海关边境管理制度与措施

世界贸易的发展离不开各国或地区海关每天都要进行的大量报关工作。为了解决报关手续繁琐和防范走私军火、违禁药品及其它有害物品的威胁等难题，日本在边境管理方面进行了不少改革，比如加强双边海关互助合作、创新管理制度等，其中认证经营者制度（AEO）、海关风险管理、提前审单制度和日本自动化货物和港口整合系统（NACCS）等多种类型的新措施有效提高了日本海关边境管理效率。

在海关互助合作方面，日本双边海关合作始于1997年的《日本美国海关合作与互助协定》。至2019年，日本通过签订海关互助合作协定或互助谅解备忘录，共与35个国家或地区开展了双边海关合作，合作对象覆盖了主要的贸易伙伴国。把国际贸易纳入双边海关合作的通关、监管、税收模式下，不仅有利于保障贸易安全，而且也使得日本海关在行政管理、通关效率、进出口成本等方面得到了持续改善，大大提高了贸易便利化水平。

在创新型措施方面，第一，日本的AEO制度是由海关按照一定的安全标准对国际贸易相关企业进行评定认证，符合标准且守法、诚信度高的企业即可获得在通关手续方面更为宽松便利的政策支持，目的在于让外贸企业与海关建立一种合作关系。第二，海关风险管理理念，是指基于海关的经验、信息、指标分析进行的风险评估，有助于海关依据风险评估结果调整相应的管理方式。比如进出口货物归类的预裁定就是海关估值、原产地判定等裁定的基础。第三，提前审单制度是进口商可在货物抵达前提交报关申请，当货物到达后，进口商再提交正式报关意向和所有文件，海关检查满足规定就可直接发放进口许可。第四，日本的NACCS系统是日本快速办理国际贸易中报关和纳税的数字信息处理系统，它是将海关、运输业、贸易通关、仓储、航空、海运和金融等各个相关部门的功能集为一体的数字信息"政务大厅"，是电子通关的核心单元。以上制度从不同方面为企业简化了通关手续，节省了通关时间和货物在通关检查过程中的搬运次数，减少了通关、审批和管理费用，降低了贸易成本，进而增加了企业的国际竞争力。

6.3.3 提高港口管理水平和运行效率

港口管理模式对港口运行效率具有重要的影响。当今很多国家都采取政府机构、国有企业和私人共同经营的模式来管理港口，强调企业和政府合作有利于同时兼顾政府的权利控制和民营企业的经营效率，克服完全国有或私有的弊端，提高港口效率，增强国际竞争力。

一方面，日本政府统筹规划港口发展，把港口的开发建设纳入国家和地区经济经济发展的总体规划中，从整体利益出发进行统筹，确保了国家对港口的所有权和管理权，并且提高了规模效益和社会效益。为应对周边国家和地区的港口竞争，日本政府实施“超大港计划”，打造超级枢纽港，发挥集聚优势，将原来的大阪港、神户港、尼崎西宫芦屋港进行合并，改称阪神港。阪神港合并后实施单一港务局行政建制，既节省了行政支出，又使船舶一次付费可进两港，减少了进港船只的费用支出，降低了贸易成本，为海上货物贸易创造了便利的环境。同时，日本政府加大对港口的财政投资，对中枢国际港湾进行了多项基础设施建设完善工作，包括港湾设施的出入管理、增设安保照明及监视摄像设备、健全货物销售管理、设置限制区域等。还加强了中枢国际港湾的物流机能，实施综合管理，包括运输、保管和流通加工、包装、装卸、信息及报关和相关文书单据制作等全部物流活动。

另一方面，日本强调企业对港口的独立经营管理，减少政府直接参与，在港口生产经营上充分放权给港口经营者，极大地调动了社会各界参与港口建设的积极性。在港口经营方式转变方面，从1999年起，日本政府就颁布了《关于活用民间资金促进公共设施整治的法律》(PFI法)，吸引民间资本参与公共设施的建设、维修管理、运营，活用其先进经营能力及技术能力等。在日本港口管理运营中，组建码头股份公司，成为推进PFI法实施的一项重要举措。目前，在东京港、大阪港、神户港等港口，码头股份公司的业务已经广泛开展。各地方政府和港口经营者也都把组建码头股份公司作为提高效率、整治港口设施老化的有效措施之一。

6.3.4 建设贸易便利的法律保障体系

国际贸易量的迅速增加也对海关相关法律的管理水平提出了新的要求。日本制定了针对贸易全过程的法律保障体系。《海关法》是日本海关行政管理的主要法律之一，内容涉及海关业务的各个方面。《通关业法》是导入报关制度后的配套法律。《关税法》《关税定率法》《关税定率法别表》和《关税暂定措施法》等构成日本关税相关法律，保障了进出口货物的税收公平。在进出口管理方面，有《外汇及外国贸易法》《进出口贸易法》《进口贸易管理令》

和《出口贸易管理令》等。贸易救济制度的法律法规体系包括《关于反倾销税的政令》《关于反补贴税的政令》和《关于实施紧急进口关税等的政令》等。

此外，日本一直努力推行经济区域化、全球化战略，并且根据日本宪法，国际法规范也能成为日本法的法律渊源，因此还会依据国际法律条约修订本国相关法律。例如，依据国际标准的《布鲁塞尔关税商品归类目录》对进口商品进行分类处理，并对报关制度进行法律规定。同时，日本还将与WCO体系相关的条约，以及日本和其他国家签订的双边条约，包括双边自由贸易协定、经济合作协定、海关合作与互助协定等纳入了日本法律体系，并为此修订了大量的海关法律。

6.4　新加坡的建设及经验借鉴

新加坡是东南亚的一个城市岛国，国土面积狭小，自然资源缺乏，但由于位于马来半岛南端、马六甲海峡的入口处，北面隔着柔佛海峡与马来西亚紧邻，扼守太平洋和印度洋之间的航运要道，地理位置优势明显。新加坡于1959年开始自治，1965年宣布成立新加坡共和国，1969年通过《自由贸易区法》设立自由贸易港。经过几十年的发展，新加坡已成为国际著名的转口港，是世界最大的集装箱港口之一，贸易便利化水平和经济水平均位居世界前列，取得了堪称奇迹的辉煌成就。除了得益于优越的地理位置，新加坡自由港的成功发展也离不开自治后正确的政策，在奠定工业化的基础上，充分利用优势条件发展转口贸易，并制定税收减免等优惠政策来吸引外资和技术，发展面向出口的制造业和第三产业。长期奉行自由贸易政策的新加坡能为重庆市的贸易便利化提供借鉴经验。

6.4.1 发展高端综合服务型运输产业

地理位置优势和可利用的多种运输方式有利于建设联通国际、多要素聚集的国际物流枢纽和开放高地，但要想具有核心竞争力，就不能仅仅提供较低层次的货运服务，而要转变发展模式，培育运输服务产业。新加坡集海运、空运、炼油、船舶修造等产业优势于一体，是商品贸易和中转货量巨大的国际贸易中心，是金融服务功能完备的国际金融中心，具备了现代意义上国际航运中心的综合服务功能。

在港口基础设施方面，新加坡港拥有四个大型集装箱码头和三个配送中心，石油运输管网系统里程长、运量大，樟宜国际机场24小时运作且配套高端技术设备和多样化的装卸设备，为提高其物流效率和集约化经营提供了重要保障；在通信设备方面，B2B电子商务作业平台的海港网络、计算机综合码头作业系统和畅通无阻闸门系统有助于港内政府、企业等相关机构的统一运作；在港口服务方面，新加坡港也提供了多维优质的服务体系，以及单一税制和低税保税政策、国际法环境等国际化政策氛围，为集装箱的国际中转提供了许多附加功能与业务，包括船检、港监、联检、海关、理货代理、海事服务、高级人才培养教育、行业协会自律服务以及船舶登记、离岸金融保险再保险租赁业务等等，进一步强化了新加坡国际航运中心的综合服务功能。

另外，从新加坡国际航运中心的发展经验也可以看出，发展物流枢纽必须密切关注世界物流运输状况、国内外其他物流枢纽的发展概况，了解掌握周边物流枢纽的竞争能力和格局，以及运输、航运方式的变化新趋势。同时，为运输企业提供金融、保险、法律、咨询等高附加值的服务，不仅可以获得高额的经济回报，更可以无形中引领全球运输市场的发展方向。

6.4.2 利用离岸金融业务发展服务业

第一，循序渐进地开放资本项目，外汇管理体制日益完善，外汇业务迅速发展。新加坡离岸金融市场的建设开始于20世纪60年代，最初以内外分离模式发展，即商业银行和金融公司等金融机构可以兼营ACU（亚洲货币单位），但必须另立单独账户和本币分开管理。后来新加坡金融体系逐渐从严格管制、风险防范演变成为鼓励金融创新，同时其离岸金融市场过渡为一体型。新加坡政府于1968年取消了对亚洲美元市场的外汇管制，逐渐形成了一个以经营美元为主，兼营马克、英镑等10多种硬通货的高效国际货币和资本市场；1976年6月，新加坡政府与东盟各国自由通汇；1978年6月，进一步全面取消外汇管制，以吸引外资银行到新加坡经营ACU，开展离岸金融业务；1999年开始实施高度自由化的金融改革计划，放开本币管制，逐步转型为“内外一体化”。

第二，金融政策优惠便利，金融市场高效。新加坡政府的积极推动是新加坡离岸金融中心如今能获得如此高的国际地位的重要因素，主要的政策手段包括高度的开放性、高效的教官体系、开放的体系、优惠的税收等。新加坡在发展离岸金融之初就取消了非居民持有外汇存款10%的利息预扣税，随后又取消大额可转让存单、亚洲美元ACU贷款合同及有关文件的印花税，并多次调减了离岸金融业务所得的相关税收。

6.4.3 制定健全的法律法规管理企业

市场的开放规范运行必须依靠完整、健全的法律体系。新加坡沿袭了相对完整的英国法律体系，在此基础上制定了一系列完备的法律，形成了以宪法、国会法令与附属法规、司法判例、法律惯例为主要内容的法律体系。新加坡政府不在常规的工商、卫生、环境保护等方面对企业进行行政管理，而由执法机构依据《公司法》《劳工就业法》《环境保护法》《商品对外贸易法》《商品及服务税收法》《海关法》《商船运输法》《战略物资管制法》和《自由贸易区法》等法律制度执法监督。其中《自由贸易区法》是新加坡自贸区运行的核心法律，它全面规定了自由贸易区区内的管理安排，包括性质作用、贸易模式、监管体制、优惠政策、争端解决机制等多个方面。优惠制度主要涉及税收豁免、所得税和其他税收减免、投资、海关制度、劳工政策、土地制度等内容，为自由贸易区的贸易便利奠定了法律基础。

6.4.4 创新贸易监管和投资政策协调

在贸易监管上，早在1989年新加坡政府就率先推出全球首个贸易管理网络系统TradeNet，该电子平台系统可实现境外货物流动所需的报关文件、政府部门核准流程整合。TradeNet通过垂直联合构造一个系统网络，兼容了各监管部门，以及政府部门和企业的信息与业务流程，企业可在10秒内完成提交报关申请，在10分钟内快速完成通关程序，大大节省了贸易时间和成本。另外，海关检疫等部门全天服务，保证了货物运送时间的无缝对接。新加坡目前是全球仅次于上海的集装箱港，对货物监管的高度自由和高效率为其增加了强大的竞争力。

在投资监管领域，新加坡投资环境开放。新加坡实行“负面清单”和“正面清单”相结合的投资管理模式，并根据经济发展阶段和国家战略需要的变化，及时调整在相应领域的开放力度。除了特定领域外，外资企业在新加坡的投资形式和投资范围均不受限制。新加坡政府还设置多种奖励计划和资助计划，鼓励外资进入，鼓励企业拓展业务范围。同时，企业注册条件宽松，手续简单，费用低廉。符合规定的公司注册申请可于3个工作日内完成，并且企业的日常管理活动不受政府的过度管制和约束。

6.5 中国香港的建设及经验借鉴

香港位于广东省东南方向的沿海地区，西邻珠江口，与澳门特别行政区、珠海市和中山市相望，北接广东省深圳市，由香港岛、九龙半岛、新界地区以及262个岛屿组成。自清政府鸦片战争失败被迫签订不平等条约后，香港经历了英国百余年的殖民统治。1997年7月1日，中华人民共和国恢复对香港行使主权，成立香港特别行政区，并创造性地对其实行“一国两制”的政策。中央有对香港特别行政区的全面管治权，香港特别行政区仍实行资本主义制度，依据《中华人民共和国香港特别行政区基本法》高度自治。

香港由于面积狭小和自然资源贫乏，在20世纪50年代之前，主要依托天然的港口优势条件为国际贸易提供初级的转运服务。50—70年代，香港依靠生产成本优势进行工业化改造，发展加工贸易实现经济转型。80年代后，受益于中国内地改革开放政策，香港制造业转移到内地，逐渐依托其通信、物流、咨询等全球贸易网络优势发展离岸贸易，即由贸易中间商提供转手商贸活动及与离岸交易有关的商品服务活动，实现了从制造业到服务业的第二次经济转型。由此可见，香港对外贸易快速发展离不开自身优良的地理位置、有利的国际环境和中国内地支持、完善稳定的法律制度等高度贸易便利化条件。

6.5.1 打造高端服务型国际物流枢纽

香港作为一个全球性的航运中转中心，一方面大力发展航运业，建设海洋、陆地运输为货物运输打造坚实的载体，满足区域内国际贸易的货物中转需求；另一方面，利用开放的经济体制提供了成熟的金融环境，建设了一个集金融和贸易于一体的国际中心，为运输企业提供船舶、检测、货物代理与中转等服务业务。除此之外，香港成熟的立法体系也满足了企业维护自身利益的要求，针对各个行业出台了行业内部管理约定和国际法约，为香港的离岸贸易提供了有力保障，成为一个高端服务型国际物流枢纽。

香港航运业是其经济发展的重要组成部分，是保持和巩固香港国际航运中心地位的重要基础。香港发展国际贸易，不仅要保证交通基础设施完善、运输网络广泛覆盖，而且很依赖船舶、航空器、车辆等货物运输工具能够实现自由航行，和不同运输方式的联通对接，以提高香港的货物进出口及周转效率。香港作为世界著名的自由港，报关通关手续简便，运输工具进出不受海关限制。船只从海上进入或驶离港口时，都无需向海关结关，进出或转运货物在港内装卸、转船和储存均不受限。此外，也没有对船舶和船员的额外检查，检验检疫环节既能把控质量和风险，又尽可能减少对商贸活动的干扰。

除了交通基础设施建设之外，香港也注重改变贸易服务模式，把重心放在大力发展由运输衍生出的服务产业上，利用高端服务提高运输质量。随着离岸贸易的迅速发展，香港结合未来运输业发展的趋势，创新发展思路，其服务型国际航运中心功能逐步完善。香港重点发展航运服务业，包括：传统的远洋运输服务业；以码头营运和中流货物处理为代表的航运港口基础设施及服务；以船舶制造维修、养护和设备制造、供应为代表的航运工程类服务；以海上保险（含经纪）、船舶融资、海事法律与仲裁、船舶（含货物）检验为代表的航运保障与专业服务；以海事处、船舶注册机构为代表的航运监管与行政服务；以航运教育、行业协会为代表的其他航运支持服务。

6.5.2 进一步开放区内离岸金融市场

离岸金融业务也为离岸贸易提供了便利。香港是亚太地区唯一没有分割离岸业务与在岸业务的“一体化中心”，是亚洲乃至全球重要的国际金融中心之一，形成了自由汇兑、资本项目完全开放且受国际标准管理的金融体系。香港开放的金融市场体现在贸易结算自由和投融资自由两个方面，以高效的金融服务满足了对外贸易企业的需求，节省了企业对外贸易成本。

香港投资者可自由选用货币种类进行贸易结算，且结算方式和途径多样。香港先后取消外汇和黄金管制，货币自由买卖、本地资金和境外资金自由流动，因此外贸企业可以在香港银行开立多种货币账户，使用任何货币进行贸易结算，有效规避汇兑结算风险。香港银行机构网点设置密集、金融网络繁复巨大、业务水平先进灵活、外汇交易24小时不间断运行，能为企业提供自由选择和组合的贸易结算途径，满足对外经济贸易的各种结算需求。香港于2014年开设人民币离岸业务，服务形式持续创新，人民币结算总额不断攀升，成为离岸人民币业务的中心。

同时，香港企业投融资自由，融资渠道多，资金周转灵活快捷。香港对外资公司参与当地证券交易不设限制，国际投资者可以自由投资香港债券市场发行的债务工具，境外借款人可自由进行业务融资。不论是租购租赁、设备及固定资产贷款、项目融资、发行股票债券、营运资金贷款、利得税贷款等商业融资，还是进口贷款、提货担保、出口装运前的融资、赊账贸易和保理服务等贸易融资，香港的金融机构都能为企业提供便利优质的服务。此外，还能为中小企业提供全面特色的服务以及不同程度的优惠。

6.5.3 积极发挥市场的决定性作用

“小政府、大市场”的市场经济为内外贸易提供了便利条件。香港的经验表明，市场完全开放，需要推进行政体制改革，逐步放松管制，减少政府干预，缩小政府职能范围，消除政府部门的审批权以及相应的设租寻租能力，进一步发挥市场配置资源的决定性作用。

在国际投资市场准入方面，存在着“负面清单管理+准入前国民待遇”模式。这种对外投资方式是指，除了负面清单中所限制的部分行业外，对所有外商投资者在监管和税收待遇等方面给予法律上和实质上的同等待遇，以此吸引外国投资交易。这种要求把国民待遇的优惠提高了更多，是与国际经贸规则相对接的外商投资管理制度，是营造法治化、国际化、便利化投资环境的重要举措。

在企业管理方面，一是企业注册条件宽松、注册效率高。香港对公司注册资本的金额没有任何限制，且仅需三步就可完成注册与登记手续。二是税率低，税制简单。香港对大部分资本性收入免税，一般进口和出口不设关税，企业无需缴纳增值税和营业税，境外所得利润也不纳税，企业所得税税率仅为16.5%，远远低于全球约25%的平均税率。这大大降低了开展离岸贸易企业的税收负担。

6.5.4 完善法律打造法制营商环境

一个完善的市场必须具有一套相对健全的法律体系和严格的监督管理体制，香港的自由贸易就建立在高度成熟的市场法制基础上。香港经济法规约占所有条例和附属立法的一半，其中与投资贸易、金融和知识产权相关的法律法规尤为重要，正是这些法律法规打造了公平公开的营商环境,有力保证了市场的有序竞争。比如涉及贸易和投资的《公司条例》《商业登记条例》《进出口条例》《应课税品条例》等;涉及金融行业的《银行业条例》《证券条例》等;涉及劳资法规的《雇用条例》《劳资关系条例》等;涉及知识产权的《商标条例》《商标规则》《注册外观设计条例》《版权条例》等。严密的法规和条例,使得在香港从事任何经济活动都可以找到法律依据,并受到法律的监督,并且这些经济法规随着经济和时代的发展而不断补充、修改和完善。

7　主要结论与对策建议

7.1　主要结论

第一，重庆市的出口贸易自1997年直辖以来获得了巨大的发展，但也面临着一些问题。近年来，存在着出口贸易额增速放缓，出口依存度过低，贸易发展后劲不足、一般贸易和加工贸易出口方式不平衡、出口商品和市场单一、抗风险能力差等问题。

第二，重庆市的贸易便利化虽然在近年取得了一定成绩，但仍有较大的发展空间。交通基础设施质量在国内和国际比较中都属于中等水平；信息技术运用不够，电子商务和电子政务发展水平不高；通关效率大幅提高，但国际上通行的先进技术和制度未充分引入；政府透明度较低和产权保护制度不健全。以上问题大大降低了重庆市的贸易便利化水平。

第三，贸易便利化对出口额影响的实证结果表明：重庆市出口额与各贸易伙伴国的经济总量正相关；贸易伙伴国人均GDP不会给重庆对外出口额带来显著的正影响或负影响；两地间距离对重庆出口额是负影响；贸易便利化水平每提高1%，重庆出口额会增加3.93%，该指标对出口流量影响较大；关税对重庆市国际贸易起阻碍作用，但其影响比其他因素更微弱。

第四，在2018年与重庆市对外贸易频繁的32个国家中，属于潜力再造型的前五位分别是德国、美国、希腊、荷兰及捷克，说明重庆市对这些国家的出口贸易已经得到了较为充足的开发，市场饱和，发展潜力有限。属于潜力巨大型的后五位分别是西班牙、波兰、土耳其、日本和法国，可知重庆市与这些国家贸易不足，存在较大可挖掘的潜在市场空间，贸易前景广阔。

7.2 对策建议

7.2.1 促进贸易便利化对策建议

(1)加强交通基础设施建设,打造国际物流分拨中心

结合重庆市横贯东西、联通南北的地理位置优势,对标世界一流内陆港国际物流分拨中心,大力建设交通基础设施以打牢物流地基,提供人力、资金、政策各方面的保障以加强支持,加快建设重庆成为辐射内陆、联通国际、多要素聚集的国际物流枢纽和内陆开放高地。一要利用"一带一路"倡议构想,以完善基础设施为先导和前提条件,大力积极地建立并巩固与沿线国家的友好合作伙伴关系。必须加强多方合作,秉持互联互通目标,共同建设公路、铁路、港口等公共服务设施,完善仓储、口岸联检等配套设施,必要时可援助经济落后国家的建设。二要发展多式联运,加快制定符合国际多式联运标准体系的多式联运提单和运单;利用中欧班列(重庆)国际铁路大通道、西部陆海新通道、长江水道、江北机场和各大公路,整合铁、水、陆、空各种运输方式,发展包括铁水联运、铁海联运、江海联运、陆空联运等在内的多式联运模式。三要融通物流与金融,探索陆上贸易新规则,创造物流金融发展新形式,丰富物流金融服务产品,例如重庆自贸区首创"订单+运单+提单+仓单"的铁路提单,截至目前,累计签发货值4亿元人民币的铁路提单47份。还可将基金、保险、租赁、外汇和衍生金融工具等多种金融产品与跨境公路提单、内河航运提单和多式联运提单等融资模式相结合,创造出更丰富齐全的金融服务组合。

(2)深化海关改革,缩短通关时间

海关要持续深化监管、征税、检验检疫等各职能在制度和程序方面的改革,提供现代化高效科学的服务。

一方面,要构建统一高效的口岸监管部门,强化各部门的沟通协调,提升口岸综合治理能力。削减非关税壁垒,提高技术壁垒政策透明度,减少国际贸易的阻碍,降低交易成本,推动世界贸易组织《贸易便利化协定》的落实。可参考广东自贸区投资便利化指数的设计理念,构建贸易便利化指数,测评重庆市进出口企业的贸易便利度和贸易潜力。

另一方面,要落实各项先进政策,缩短通关时间,增加企业投资贸易机会,包括:第一,借助"单一窗口"服务模式简化报关程序手续。截至2019年年末,重庆自贸区通过"单一窗口"处理的业务量累计超过1700万票,居中西部地区首位,由此企业整体通关时间可压缩30%以上,综合成本下降20%以上。但同上海自贸区在"单一窗口"上的成果仍有一定差距,应继续吸取其可推广的先进经验,完全实现关检融合、业务全覆盖、信息共享。第二,扩大"经认证的经营者"(AEO)互认范围,并对已认证企业实施持续的动态监控。AEO

是海关对信用状态呈现良好、经营合法合规和可靠安全的企业给予认证，获得认证的单位可享受一定的通关便利。调查数据显示，我国AEO企业出口货物到已实施互认的国家或地区时，查验率降低可达60~80个百分点，通关时间和成本降低可超过一半。但是截至2010年9月，重庆市仅有近200家AEO认证企业。因此，重庆市应加大对企业的宣传和认证培训，让更多的优质企业通过认证压缩通关时间。

(3)发展贸易新模式，提高贸易数字化水平

企业要依托信息技术更新商业贸易的战略目标和发展路径，从经营手段、服务形态、营销模式等多角度出发，探索贸易新模式。利用数字贸易和智能管理降低产品流通的中间交易成本，提高国际竞争力。

此外，政府一是要加强先进信息技术的应用，利用互联网、大数据、云计算等现代科技大力推广电子商务和电子政务。电子商务是一种贸易新模式，要推动跨境电子商务综合试验区建设的进程，加快建立与之相适应的监管模式，大力推动银行机构和支付机构持续性创造性地为企业跨境电子支付需求提供支持和服务；电子政务是实现政府机构电子化内部办公和协调办公，并通过网络和媒体发布并更新重要的政策法规和通知公告，实现信息传递的网络化。

二要从顶层设计出发，综合考虑贸易链、物流链的全过程，推广无纸化贸易，打造数据共享通道，推动实现信息共享。例如2019年9月正式开通了中新(重庆)国际互联网数据专业通道，重庆市可借鉴该模式，构建针对更多单一国家的点对点国际数据专业通道，从而将不仅使基于重庆的中国西部和基于新加坡的东盟地区的数据交换更安全、互动交流更便捷，更可联合多国打造广泛的信息传输通道，促进相关地区的企业在更多层面和领域里展开贸易合作。

(4)建设新型金融机构，鼓励金融改革创新

积极引进相关高素质复合型人才，为创新金融体系注入新活力、带来新思维。同时集中资源打造具有重庆特色的金融中心，开拓地方要素市场以扩大辐射范围；在发展现有的传统金融机构基础之上，发展和丰富创新金融机构的类别，支持构建多部门、多层次的金融机构体系；在有效监管的前提下，促进和强化金融领域的自律维权监督，为重庆金融业的发展营造良好环境。

除此之外，鼓励创新金融产品和服务模式，在合理防范金融领域风险的前提下尽可能地满足实体经济金融服务的需求。在金融科技领域，紧跟当前发展趋势，探索新兴技术在金融领域的应用标准、推进云计算技术与金融业务的融合、提升移动互联网下金融服务的安全性以及便捷性。

(5)完善制度建设,创造优良营商环境

要创新体制机制,转变政府职能,努力建立统一集中管理、分级分类负责、高效科学精简的管理秩序,提高政府行政效率,减少因机构冗杂、政策透明度低、腐败严重而造成的贸易和投资成本,激励和保护投资者以及进出口企业。深化“放管服”改革,有序推进审批制度改革,减少甚至取消重复和不必要的审批,不断提高审批效率,并加强事中事后监管。要加强法律体系建设,特别是目前较为薄弱的知识产权体系和税收制度体系。加快知识产权保护体系建设,有效发挥重庆知识产权法庭、商标审查协作中心等机构的作用,提高商标注册、专利申请的审查质量和效率,从严惩办侵权违法行为,加强对知识产权维权的援助。可以借鉴浦东新区人民法院自由贸易区法庭的模式和理念,发展重庆两江新区(自贸区)人民法院,建立多元化的知识产权纠纷解决机制,并强化其司法裁判与商事调解、行政调处、行业调解、商事仲裁等各类非诉纠纷解决机制的有效对接,稳妥迅速解决有关的知识产权纠纷案件。创新税收征管,以纳税人中心主义为立法理念,规范涉税审批制度,完善纳税信息管理。综合运用税收减免和财政补贴的税收优惠政策,推广电子发票、无纸化办理、网上自助办理等税收便利措施,简化办税手续和流程,降低企业经营成本。

7.2.2 促进出口贸易发展对策建议

(1)平衡出口贸易方式,优化外贸发展模式

从加工贸易角度来说,重庆加工贸易的发展促进了重庆对外贸易的发展,但是这种代工产业的发展,核心技术并不属于重庆,并且过度依赖加工贸易的发展会造成经济结构的扭曲。创新发展加工贸易关键在于转变产业内部的层级变化,鼓励加工贸易向深层次、多步骤转变,提高加工深度,助力国内相应的优质产业发展,促进重庆产业结构的优化。推动重庆的加工贸易由高污染、高消耗和低技术的初级加工装配,逐步向环保型、节能型和高新技术化的现代制造业升级转型。大力发展相关配套产业群,继续拓展产业及加工深度,提高加工产品的附加值和加工贸易增值率,占据价值链曲线高增值的两端。重庆市加工贸易可以“简单加工—复杂加工—零部件制造—产品研发—销售—创建自主品牌”为规划路径,提高技术创新能力,创建自主品牌,不断成长,不断壮大。

一般贸易的持续发展取决于产品的国际竞争力,为此推动一般贸易的具体路径为:依托重庆当前良好的工业发展基础,加快引进国外先进制造技术,通过财税优惠制度,鼓励技术创新,顺应时代变革,大力发展新能源产业、新材料产业,引进智能机器人设计发明等前沿技术,为产业结构“大踏步”升级创造机会,增加出口产品的科技含量,增强“重庆造”在全球市场上的影响力和知名度。

(2)健全科技创新体系,优化贸易商品结构

对于农业的发展来说,可实行农业科技协同创新制度。从 2004 年到现阶段的中央一号文件中,多次提出了要加快推进农业科技创新能力。随着科技体制改革的不断深化,发挥政府、科研院所、高校、企业等多元主体在农业科技创新体系中的作用,必将成为加快建设现代农业科技创新体系步伐的必然选择。从重庆第一产业发展的现状可知,重庆的农业经济效益不高,农业发展还比较落后,必须以现代科技武装传统农业的发展,提高农业发展的质量。积极推进农业现代化发展,发展区域特色种植,实现农业生产的多样化,提高农产品的精深加工和农产品附加值。只有把薄弱的农业基础作为产业结构调整的重点,二元结构矛盾才会得到缓解,产业结构失衡的现象才会得到改变,外贸发展才会得到改善。

对于工业的发展来说,应大力发展高新技术产业,利用高新技术产业对传统工业进行技术升级和改造,提高劳动生产率。进一步抓好高新技术产业园区配套设施建设,鼓励企业申请高新技术企业认定,落实高新技术企业奖励和优惠政策。围绕特色优势产业,进一步加大战略性新兴产业发展力度,重点围绕新一代信息技术、智能网联汽车、高端装备制造、生物医药产业、节能环保产业、新能源新材料等领域,着力打造在技术上有重大突破、产业上有重大需求、能迅速形成市场竞争力的重大关键产品,着力打造一批高新技术企业,加快高新技术产业集聚发展,形成较强的综合实力。要注重相关领域核心技术的掌握。核心技术是影响市场竞争力最为重要的决定性因素,也是产业结构升级的具体体现,应该通过对核心技术的掌握,真正形成有竞争力的制成品,使"重庆制造"向"重庆品牌"的演变。

(3)加强国际经贸合作,优化贸易市场结构

贸易市场结构优化是指通过加强市场细分,正确选择目标市场和市场定位,实现重庆对外贸易市场多元化发展,最终形成合理、全面的出口市场布局。目前重庆市的贸易市场过于集中,实现对外贸易多元化不仅可以扩大对外贸易规模,还可以避免过分依赖某个市场所带来的风险。根据前文贸易潜力测算,目前应着重考虑与重庆市潜力巨大型和潜力开拓型的国家或地区,分析可知这些出口目标国遍及欧洲发达国家、东南亚邻近国家以及跨太平洋国家等。因此,重庆可利用我国的贸易促进政策,发挥国际组织的作用,加大国际经贸合作。

第一,重庆应借助"一带一路"倡议,利用各类开放平台发展外向型经济,深度参与国际分工。依托渝昆泛亚铁路,与中国—中南半岛、孟中印缅经济走廊相融合,努力开拓南亚和东盟的国际贸易路线;继续完善渝新欧国际铁路大通道,发展欧洲和亚洲的多式联

运,挖掘更广阔的贸易前景,从而加强与“一带一路”沿线国家全方位的互联互通。第二,重庆应把握签署跨太平洋伙伴关系协议(TPP)、区域全面经济伙伴关系协定(RCEP)等自由贸易协议的发展机遇,通过一系列优惠政策和制度创新,降低本土出口企业和国外投资企业经营成本,挖掘一体化市场释放的贸易潜力,深化与协议国间的贸易往来,进一步优化对外贸易市场布局,并通过深化改革与国际高标准贸易规则接轨,构建更高水平的开放型经济新体制,助力产品贸易出口额不断提升。第三,重庆应抢抓全球经济格局调整变化的机遇,打开亚非拉市场,充分利用掌握的生产技术资料在海外建立生产基地,进一步参与新兴市场的城市基础设施建设。第四,扎实推进中新(重庆)战略性互联互通示范项目,深化重庆市和新加坡的贸易合作,释放贸易潜力,并借鉴推广这种政府间合作形式与其他国家开展双边和多边合作,打造更多高起点、高水平、创新型的示范性重点项目,充分发挥重庆及其他合作国家的比较优势,在一些重要的贸易合作领域展开深层次交流。

参考文献

英文文献

[1]Abdoulkarim Esmaeili, Fateme Pourebrahim. Assessing Trade Potential in Agricultural Sector of Iran: Application of Gravity Model[J]. Journal of Food Products Marketing, 2011, 17(5).

[2]Alan M. Rugman, Joseph R. D'Cruz. The "Double Diamond" Model of International Competitiveness: The Canadian Experience [J]. MIR: Management International Review, 1993, 33.

[3]Alberto Portugal-Perez, John S. Wilson. Export Performance and Trade Facilitation Reform: Hard and Soft Infrastructure[J]. World Development, 2012, 40(7).

[4]Allen Dennis, Ben Shepherd. Trade Facilitation and Export Diversification [J]. The World Economy, 2011, 34(1).

[5]André C Jordaan. The Impact of Trade Facilitation Factors on South Africa's Exports to a Selection of African Countries[J]. Development Southern Africa, 2014, 31(4).

[6]Anna Kanyangemu, K.K. Kundu, Sumit. Trade Performance of Agricultural Commodities of Tanzania[J]. Indian Journal of Economics and Development, 2019, 15(3).

[7]Aswini Kumar Mishra, Jigar N. Gadhia, N. Kubendran, Makara Sahoo. Trade Flows between India and Other BRICS Countries: An Empirical Analysis Using Gravity Model[J]. Global Business Review, 2015, 16(1).

[8]Badri Narayanan, Sachin Sharma, Mohammad Razzaque. Trade Facilitation in the Commonwealth: An Economic Analysis[J]. Margin: The Journal of Applied Economic Research, 2016, 10(3).

[9]Ben Shepherd, John S. Wilson. Trade facilitation in ASEAN member countries: Measuring progress and assessing priorities[J]. Journal of Asian Economics, 2009, 20(4).

[10]Bernard Hoekman, Ben Shepherd. Who Profits from Trade Facilitation Initiatives? Implications for African Countries☆[J]. Journal of African Trade, 2015, 2(1–2).

[11]C Nalin Kumar. Agricultural Trade Facilitation in Asia: Prioritising the Invisible Infrastructure[J]. Millennial Asia, 2011, 2(1).

[12]Chahir Zaki. How Does Trade Facilitation Affect International Trade?[J]. The European Journal of Development Research, 2015, 27(1).

[13]Chahir Zaki. Trade Facilitation and Corruption: a CGE model of Egypt[J]. The Journal of North African Studies, 2013, 18(1).

[14]Chrislemien Groenewald, Sonja Grater. Determining Trade Facilitation Performance: the Case of South Africa[J]. Int. J. of Economic Policy in Emerging Economies, 2017, 10(4).

[15]Cosimo Beverelli, Simon Neumueller, Robert Teh. Export Diversification Effects of the WTO Trade Facilitation Agreement[J]. World Development, 2015, 76.

[16]Cuong Nguyen Viet. The Impact of Trade Facilitation on Poverty and Inequality: Evidence from low– and middle–income Countries[J]. The Journal of International Trade & Economic Development, 2015, 24(3).

[17]Daniel Sakyi, Isaac Bonuedi, Eric Evans Osei Opoku. Trade Facilitation and Social Welfare in Africa[J]. Journal of African Trade, 2018, 5(1–2).

[18]Daniel Sakyi, Sylvanus Kwaku Afesorgbor. The Effects of Trade Facilitation on Trade Performance in Africa[J]. Journal of African Trade, 2019.

[19]de Sá Porto Paulo C., Canuto Otaviano, Morini Cristiano. The Impacts of Trade Facilitation Measures on International Trade Flows[M].: 07/14/2015.

[20]Devadason Evelyn S., Chandran V. G. R.. Unlocking the Trade Potential in China–ASEAN Relations[J]. Journal of Southeast Asian Economies, 2019, 36(3).

[21]E. Mine Cinar, Joseph Johnson, Katherine Geusz. Estimating Chinese Trade Relationships with the Silk Road Countries[J]. China & World Economy, 2016, 24(1).

[22]Evelyn S. Devadason, V.G.R. Chandran Govindaraju, Shujaat Mubarik. Defining potentials and Barriers to Trade in the Malaysia – Chile partnership[J]. International Journal of Emerging Markets, 2018, 13(5).

[23]Geetha Ravishankar, Marie M. Stack. The Gravity Model and Trade Efficiency: A Sto-

chastic Frontier Analysis of Eastern E uropean Countries' Potential Trade[J]. The World Economy, 2014, 37(5).

[24]Houcine Boughanmi, Said Al-Riyami. Service Trade Liberalization in Oman: International Commitments and Trade Performance [J]. Review of Middle East Economics and Finance, 2019, 15(1).

[25]Hwy-Chang Moon, Yan-Ling Yu. The Competitiveness of China's Telecommunications Industry Before and After China's Accession to the WTO [J]. Global Economic Review, 2004, 33(2).

[26]Jesus Felipe, Utsav Kumar. The Role of Trade Facilitation in Central Asia[J]. Eastern European Economics, 2012, 50(4).

[27]Jittichai Rudjanakanoknad, Wiracha Suksirivoraboot, Sumalee Sukdanont. Evaluation of International Ports in Thailand through Trade Facilitation Indices from Freight Forwarders [J]. Procedia - Social and Behavioral Sciences, 2014, 111.

[28]John S. Wilson, Catherine L. Mann, Tsunehiro Otsuki. Assessing the Benefits of Trade Facilitation: A Global Perspective[J]. World Economy, 2005, 28(6).

[29]Joseph Francois, Miriam Manchin, Patrick Tomberger. Services Linkages and the Value Added Content of Trade[M].: 2013-05-01.

[30]Juwita Puteri Nuraisyah. Indonesia - The Trans Pacific Partnership Trade Potential [P]. Proceedings of the 2nd International Conference on Indonesian Economy and Development (ICIED 2017), 2017.

[31]Kinnman, Lodefalk. A Global Baltic: Potential Gains from Trade Liberalisation in the Baltic Sea States[J]. Baltic Journal of Economics, 2009, 9(1).

[32]Kraay Aart, Dollar David. Trade, Growth, and Poverty[M].: 2001-06-01.

[33]Krishnakumar S.. United States and Its Challenge to Multilateralism in the Global Economy[J]. India Quarterly, 2018, 74(4).

[34]Lars Nilsson. Trade Integration and the EU Economic Membership Criteria[J]. European Journal of Political Economy, 2000, 16(4).

[35]Luca De Benedictis, Claudio Vicarelli. Trade Potentials in Gravity Panel Data Models [J]. Topics in Economic Analysis & Policy, 2011, 5(1).

[36]Luisa Marti, Rosa Puertas, Leandro García. Relevance of Trade Facilitation in Emerging Countries' Exports[J]. The Journal of International Trade & Economic Development, 2014, 23(2).

[37]Maria Persson. Trade Facilitation and The Extensive margin[J]. The Journal of International Trade & Economic Development, 2013, 22(5).

[38]Mario J. Crucini , Gregor W. Smith. Early Globalization and the Law of One Price: Evidence from Sweden, 1732–1914[J]. East Asian Economic Review, 2016, 20(4).

[39]Memduh Alper DEMİR, Mustafa BİLİK. Turkey's Trade Effıcıency: A Stochastıc Frontıer Gravıty Model Approach[J]. Ömer Halisdemir Üniversitesi İktisadi ve İdari Bilimler Fakültesi Dergisi, 2018(1).

[40]Mohammad Masudur Rahman, Chanwahn Kim, Prabir De. Indo–Pacific Cooperation: What Do Trade Simulations Indicate?[J]. Journal of Economic Structures, 2020, 9(1).

[41]Nam Foo, Hooi Hooi Lean, Ruhul Salim. The impact of China's One Belt One Road Initiative on International Trade in The ASEAN Region[J]. North American Journal of Economics and Finance, 2019.

[42]Nitipon Tansakul, Suthathip Suanmali, Veeris Ammarapala. Perception of Logistics Service Provider Regarding Trade Facilitation for Cross Border Transportation: A Case Study of East–west Economic Corridor[J]. Int. J. of Logistics Systems and Management, 2018, 29(2).

[43]Panganiban, G.G.F., Culaste, G.Y., Gusi, H.J.M.. E–governance and Facilitation of Trade in Plants and Plant Products: Case of the Bureau of Plant Industry (BPI)[J]. 한국무역학회 국제학술대회, 2019.

[44]Peter Egger. An Econometric View on the Estimation of Gravity Models and the Calculation of Trade Potentials[J]. World Economy, 2002, 25(2).

[45]Prabir De. Assessing Barriers to Trade in Services in India: An Empirical Investigation[J]. Journal of Economic Integration, 2013, 28(1).

[46]Robert C. Feenstra, Hong Ma. Trade Facilitation and the Extensive Margin of Exports [J]. Japanese Economic Review, 2014, 65(2).

[47]Robert Suphian. The Impact of Trade Facilitation on Economic Development: A Case of East African Community (EAC)[J]. Journal of Modern Accounting and Auditing, 2012, 8(11).

[48]Saghir Ahmad Ansari, Waseem Khan. India's Agricultural Trade Potential in Post–WTO Period[J]. Agricultural Economics Research Review, 2015, 28(conf).

[49]Sandeep Kaur, Sangeeta Khorana, Manpreet Kaur. Is There Any Potential in Service Trade of South Asia?[J]. Foreign Trade Review, 2020, 55(3).

[50]Shahriar Kabir, Ruhul A Salim. Parallel Intergration and ASEAN–EU Trade Potential: an Empirical Analysis[J]. Journal of Economic Integration, 2011, 26(4).

[51] Shepherd Ben, Wilson John S.. Trade Facilitation In ASEAN Member Countries: Measuring Progress And Assessing Priorities[M].: 2008-05-08.

[52] Shujaat Abbas, Abdul Waheed. Pakistan's Global Trade Potential: A Gravity Model Approach[J]. Global Business Review, 2019, 20(6).

[53] Simeon Djankov, Caroline Freund, Cong S Pham. Trading on Time[J]. The Review of Economics and Statistics, 2010, 92(1).

[54] Subashini Perera, Mahinda Siriwardana, Stuart Mounter. Trade Facilitation—Measurement Difficulties in the Computable General Equilibrium Model: A Review[J]. Theoretical Economics Letters, 2017, 7(2).

[55] Tomasz Iwanow, Colin Kirkpatrick. Trade Facilitation and Manufactured Exports: Is Africa Different?[J]. World Development, 2008, 37(6).

[56] Torsten Amelung. The Impact of Transaction Costs on the Direction of Trade: Empirical Evidence for Asia Pacific [J]. Journal of Institutional and Theoretical Economics (JITE) / Zeitschrift für die gesamte Staatswissenschaft, 1991, 147(4).

[57] V Polodoo, B Seetanah, Sannassee R. V. Exchange Rate Volatility and Manufacturing trade: Evidence from Africa[J]. The Journal of Developing Areas, 2016, 50(5).

[58] V.R. Renjini, Amit Kar, G.K. Jha, Pramod Kumar, R.R. Burman, K.V. Praveen. Agricultural Trade Potential Between India and ASEAN: An Application of Gravity Model[J]. Agricultural Economics Research Review, 2017, 30(1).

[59] Vu Van Trung, Nguyen Anh Thu. Trade Potential of Climate Smart Goods of Vietnam: An Application of Gravity Model[J]. Geographica Pannonica, 2016, 20(1).

[60] Wilson, John S., Mann, Catherine L., Otsuki, Tsunehiro. Trade Facilitation and Economic Development[J]. World Bank Economic Review, 2003, 17(3).

[61] X Bu, S Dong, F Li, Y Li. Agricultural Trade Pattern and Potential in China and Russia[J]. IOP Conference Series: Earth and Environmental Science, 2018, 190(1).

[62] Y. Duval, T. Wang, C. Utoktham, A. Kravchenko. Next-generation Trade Facilitation for Asian Integration: Cross-border Paperless Trade [J]. Journal of Asian Economic Integration, 2019, 1(1).

[63] Yadav. Impact of Trade Facilitation on Parts and Components Trade[J]. The International Trade Journal, 2014, 28(4).

[64] Yvan Decreux, Chris Milner, Nicolas Péridy. Some New Insights into the Effects of

the EU-South Korea Free Trade Area: The Role of Non Tariff Barriers[J]. Journal of Economic Integration,2010,25(4).

[65]Yves Bourdet, Maria Persson. Expanding and Diversifying South Mediterranean Exports through Trade Facilitation[J]. Development Policy Review,2014,32(6).

[66]Zamroni Salim, Nika Pranata, Kanetasya Sabilla. Benchmarking Singapore and Hong Kong to develop Indonesia's trade facilitation[J]. International Journal of Business and Globalisation,2020,26(1-2).

中文文献

[1]沈利生. 中国外贸依存度的测算[J]. 数量经济技术经济研究,2003,(04):5-12.

[2]盛斌,廖明中. 中国的贸易流量与出口潜力:引力模型的研究[J]. 世界经济,2004,(02):3-12.

[3]张建华,刘庆玉. 中国贸易条件影响因素的实证分析[J]. 国际贸易问题,2004,(06):20-23.

[4]朱晶,陈晓艳. 中印农产品贸易互补性及贸易潜力分析[J]. 国际贸易问题,2006,(01):40-46.

[5]陈汉林,涂艳. 中国-东盟自由贸易区下中国的静态贸易效应——基于引力模型的实证分析[J]. 国际贸易问题,2007,(05):47-50.

[6]庄丽娟,姜元武,刘娜. 广东省与东盟农产品贸易流量与贸易潜力分析——基于引力模型的研究[J]. 国际贸易问题,2007,(06):81-86.

[7]丁平. 中国服务贸易国际竞争力的影响因素分析与对策研究[J]. 世界经济研究,2007,(09):49-55+87.

[8]杨汝岱. 中国工业制成品出口增长的影响因素研究:基于1994—2005年分行业面板数据的经验分析[J]. 世界经济,2008,(08):32-41.

[9]高士亮,熊磊. 中国对外贸易的影响因素分析:基于国内的视角[J]. 经济问题探索,2008,(10):91-96.

[10]赵雨霖,林光华. 中国与东盟10国双边农产品贸易流量与贸易潜力的分析——基于贸易引力模型的研究[J]. 国际贸易问题,2008,(12):69-77.

[11]殷凤,陈宪. 国际服务贸易影响因素与我国服务贸易国际竞争力研究[J]. 国际贸易问题,2009,(02):61-69.

[12]施炳展,李坤望. 中国出口贸易增长的可持续性研究——基于贸易随机前沿模型的分析[J]. 数量经济技术经济研究,2009,26(06):64-74.

[13]帅传敏. 基于引力模型的中美农业贸易潜力分析[J]. 中国农村经济,2009,(07):48-58.

[14]鲁晓东,赵奇伟. 中国的出口潜力及其影响因素——基于随机前沿引力模型的估计[J]. 数量经济技术经济研究,2010,27(10):21-35.

[15]周念利. 基于引力模型的中国双边服务贸易流量与出口潜力研究[J]. 数量经济技术经济研究,2010,27(12):67-79.

[16]张海森,谢杰. 中国-非洲农产品贸易的决定因素与潜力——基于引力模型的实证研究[J]. 国际贸易问题,2011,(03):45-51.

[17]刘秉镰,刘玉海. 交通基础设施建设与中国制造业企业库存成本降低[J]. 中国工业经济,2011,(05):69-79.

[18]孙林,徐旭霏. 东盟贸易便利化对中国制造业产品出口影响的实证分析[J]. 国际贸易问题,2011,(08):101-109.

[19]谢娟娟,岳静. 贸易便利化对中国-东盟贸易影响的实证分析[J]. 世界经济研究,2011,(08):81-86+89.

[20]王瑞,王丽萍. 我国农产品贸易流量现状与影响因素:基于引力模型的实证研究[J]. 国际贸易问题,2012,(04):39-48.

[21]张兵,刘丹. 美国农产品出口贸易的影响因素分析——基于恒定市场份额模型测算[J]. 国际贸易问题,2012,(06):49-60.

[22]李昕,徐滇庆. 中国外贸依存度和失衡度的重新估算——全球生产链中的增加值贸易[J]. 中国社会科学,2013,(01):29-55+205.

[23]匡增杰. 基于发达国家海关实践经验视角下的促进我国海关贸易便利化水平研究[J]. 世界贸易组织动态与研究,2013,20(01):19-28.

[24]陈苏明. 国际海关AEO互认:供应链安全与便利的路径选择[J]. 上海海关学院学报,2013,34(01):85-95.

[25]潘安,魏龙. 制度距离对中国稀土出口贸易的影响——基于18个国家和地区贸易数据的引力模型分析[J]. 国际贸易问题,2013,(04):96-104.

[26]孙林,倪卡卡. 东盟贸易便利化对中国农产品出口影响及国际比较——基于面板数据模型的实证分析[J]. 国际贸易问题,2013,(04):139-147.

[27]李亚波. 中国与智利双边货物贸易的潜力研究——基于引力模型的实证分析[J]. 国际贸易问题,2013,(07):62-69.

[28]贺书锋,平瑛,张伟华. 北极航道对中国贸易潜力的影响——基于随机前沿引力模型的实证研究[J]. 国际贸易问题,2013,(08):3-12.

[29]邵桂兰,胡新.基于引力模型的中国-东盟水产品贸易流量与潜力研究[J].中国海洋大学学报(社会科学版),2013,(05):34-39.

[30]方晓丽,朱明侠.中国及东盟各国贸易便利化程度测算及对出口影响的实证研究[J].国际贸易问题,2013,(09):68-73.

[31]李豫新,郭颖慧.边境贸易便利化水平对中国新疆维吾尔自治区边境贸易流量的影响——基于贸易引力模型的实证分析[J].国际贸易问题,2013,(10):120-128.

[32]叶明,张磊.贸易便利化对金砖国家区域经济合作影响分析[J].复旦学报(社会科学版),2013,55(06):158-166+181.

[33]孙致陆,李先德.经济全球化背景下中国与印度农产品贸易发展研究——基于贸易互补性、竞争性和增长潜力的实证分析[J].国际贸易问题,2013,(12):68-78.

[34]王冠凤,郭羽诞.上海自贸区贸易便利化和贸易自由化研究[J].现代经济探讨,2014,(02):28-32.

[35]李斌,段娅妮,彭星.贸易便利化的测评及其对我国服务贸易出口的影响——基于跨国面板数据的实证研究[J].国际商务(对外经济贸易大学学报),2014,(01):5-13.

[36]王中美.全球贸易便利化的评估研究与趋势分析[J].世界经济研究,2014,(03):47-52+88.

[37]郑丹青,于津平.中国出口贸易增加值的微观核算及影响因素研究[J].国际贸易问题,2014,(08):3-13.

[38]佟家栋,李连庆.贸易政策透明度与贸易便利化影响——基于可计算一般均衡模型的分析[J].南开经济研究,2014,(04):3-16.

[39]黄志瑾.WTO《贸易便利化协定》评述——多哈回合的突破?[J].上海对外经贸大学学报,2014,21(05):5-12.

[40]彭羽,陈争辉.中国(上海)自由贸易试验区投资贸易便利化评价指标体系研究[J].国际经贸探索,2014,30(10):63-75.

[41]江希,刘似臣.中国制造业出口增加值及影响因素的实证研究——以中美贸易为例[J].国际贸易问题,2014,(11):89-98.

[42]王俊.贸易便利化:三螺旋模型的理论视角及实现路径[J].苏州大学学报(哲学社会科学版),2014,35(06):112-120.

[43]金缀桥,杨逢珉.中韩双边贸易现状及潜力的实证研究[J].世界经济研究,2015,(01):81-90+128.

[44]谭秀杰,周茂荣.21世纪"海上丝绸之路"贸易潜力及其影响因素——基于随机前沿引力模型的实证研究[J].国际贸易问题,2015,(02):3-12.

[45]蒋冠,霍强.中国—东盟自由贸易区贸易创造效应及贸易潜力——基于引力模型面板数据的实证分析[J].当代经济管理,2015,37(02):60-67.

[46]汪戎,李波.贸易便利化与出口多样化:微观机理与跨国证据[J].国际贸易问题,2015,(03):33-43.

[47]毛艳华,杨思维.21世纪海上丝绸之路贸易便利化合作与能力建设[J].国际经贸探索,2015,31(04):101-112.

[48]王铁山,贾莹,徐玲.我国推动"丝绸之路经济带"贸易便利化的对策[J].经济纵横,2015,(08):91-95.

[49]杨军,黄洁,洪俊杰,董婉璐.贸易便利化对中国经济影响分析[J].国际贸易问题,2015,(09):156-166.

[50]高志刚,张燕.中巴经济走廊建设中双边贸易潜力及效率研究——基于随机前沿引力模型分析[J].财经科学,2015,(11):101-110.

[51]朱剑冰,吕静.贸易便利化评价指标体系研究及其应用[J].湖南大学学报(社会科学版),2015,29(06):70-75.

[52]孔庆峰,董虹蔚."一带一路"国家的贸易便利化水平测算与贸易潜力研究[J].国际贸易问题,2015,(12):158-168.

[53]庄丽娟,郑旭芸.中国-东盟热带水果贸易强度及潜力分析[J].华南农业大学学报(社会科学版),2016,15(01):82-91.

[54]盛斌.WTO《贸易便利化协定》评估及对中国的影响研究[J].国际贸易,2016,(01):4-13.

[55]金泽虎,李青青.上海自贸区经验对促进长江经济带贸易便利化的启示[J].国际贸易,2016,(04):30-37.

[56]张亚斌,刘俊,李城霖.丝绸之路经济带贸易便利化测度及中国贸易潜力[J].财经科学,2016,(05):112-122.

[57]谭晶荣,华曦.贸易便利化对中国农产品出口的影响研究——基于丝绸之路沿线国家的实证分析[J].国际贸易问题,2016,(05):39-49.

[58]孙瑾,杨英俊.中国与"一带一路"主要国家贸易成本的测度与影响因素研究[J].国际贸易问题,2016,(05):94-103.

[59]崔日明,黄英婉."一带一路"沿线国家贸易投资便利化评价指标体系研究[J].国际贸易问题,2016,(09):153-164.

[60]张会清,唐海燕.中国与"一带一路"沿线地区的贸易联系问题研究——基于贸易强度指数模型的分析[J].国际经贸探索,2017,33(03):27-40.

[61]崔鑫生. 中国省域贸易便利化现状分析[J]. 国际贸易,2017,(04):34-39.

[62]张会清. 中国与“一带一路”沿线地区的贸易潜力研究[J]. 国际贸易问题,2017,(07):85-95.

[63]宗会明,郑丽丽. “一带一路”背景下中国与东南亚国家贸易格局分析[J]. 经济地理,2017,37(08):1-9.

[64]谢谦. 贸易便利化、经贸发展与我国的改革实践[J]. 经济学动态,2018,(01):27-39.

[65]林玲,闫玉宁,赵素萍. 中美两国贸易效率及潜力研究[J]. 国际商务(对外经济贸易大学学报),2018,(02):1-14.

[66]李思奇. “一带一路”背景下中国与中亚五国贸易便利化的经贸效应研究[J]. 东北亚论坛,2018,27(04):112-126+128.

[67]周跃雪. “一带一路”农产品贸易便利化及其制度建设对策[J]. 农村经济,2018,(07):95-101.

[68]陈继勇,刘燚爽. “一带一路”沿线国家贸易便利化对中国贸易潜力的影响[J]. 世界经济研究,2018,(09):41-54+135-136.

[69] 耿鹏宇、赵宇飞. 重庆海关发布促进跨境贸易便利化16项举措[J]. 西部大开发,2018,(11):13.

[70]刘强. 中国与新加坡贸易便利化水平比较及对中国的改进建议[J]. 国际贸易,2019,(12):27-35.

[71]罗勇,王世静,曹莉莉. 贸易便利化对我国制造业出口产品质量影响研究[J]. 软科学,1-12.

[72]尹华,胡南,刘咪咪. 我国对“一带一路”国家工程机械出口潜力与出口效率研究[J]. 工业技术经济,2020,39(11):44-53.